KB137838

주체적 배움과 협동적 배움을 촉진하는

함께 배움 교사의 말하기

주체적 배움과 협동적 배움을 촉진하는

함께 배움
교사의
말하기

초판 1쇄 인쇄 2017년 4월 7일
초판 1쇄 발행 2017년 4월 16일

글쓴이 니시카와 준
옮긴이 백경석
펴낸이 김승희
펴낸곳 도서출판 살림터

기획 정광일
편집 조현주
북디자인 꼬리별

인쇄·제본 (주)현문
종이 월드페이퍼(주)

주소 서울시 영등포구 양평로21가길 19 선유도 우림라이온스밸리 1차 B동 512호
전화 02-3141-6553
팩스 02-3141-6555
출판등록 2008년 3월 18일 제313-1990-12호
이메일 gwang80@hanmail.net
블로그 http://blog.naver.com/dkffk1020

MANABIAIWOSEIKOUSASERUKYOUSINOKOTOBAKAKE by Jun Nishikawa
Copyright ⓒ Jun Nishikawa, 2015
All rights reserved.
Original Japanese edition published by TOYOKAN PUBLISHING CO,. LTD.
Korean translation copyright ⓒ 2017 by Salimter Publishing Co. LTD.
This Korean edition published by arrangement with TOYOKAN PUBLISHING CO,. LTD.
and Access Korea Japan

이 책의 한국어판 저작권은
Access Korea Japan 에이전시를 통해 저작권사와 독점 계약한 살림터에 있습니다.
저작권법에 의해 한국 내에서 보호를 받는 저작물이므로 무단전재와 복제를 금합니다.

ISBN 979-11-5930-036-3 03370

*가격은 뒤표지에 있습니다.
*잘못된 책은 바꾸어 드립니다.

주체적 배움과 협동적 배움을 촉진하는

함께 배움
교사의
말하기

니시카와 준 지음 | 백경석 옮김

살림터

한국의 독자 여러분 안녕하세요? 이 책을 쓴 니시카와 준입니다. 이 책을 펼쳐 주셔서 감사합니다. 이 책은 함께 배움을 실천해서 1년 이내에 일어나는 모든 문제의 90퍼센트, 아니 95퍼센트 이상의 것에 대해 어떻게 대처하면 좋을지를 쓴 책입니다.

그런데 이상하지 않습니까? 저는 당신이 초등학교 교사인지, 중학교 교사인지, 고등학교 교사인지 모릅니다. 또 당신이 과학을 가르치고 있는지, 국어를 가르치고 있는지, 음악을 가르치고 있는지도 모릅니다.

그런데도 이 책은 당신이 직면하는 문제의 95퍼센트 이상을 해결한다고 말합니다. 아마도 이 책을 손에 든 선생님이라면, 이미 다양한 책을 읽고 있는 분일 것입니다. 한 교과의 한 단원을 지도하기 위해서도 적어도 책 한 권을 읽으셨을 겁니다. 그런데 저는 모든 학교 단계, 모든 교과에서 일어나는 문제의 95퍼센트를 해결한다고 이 책에 썼습니다. 이처럼 적은 분량으로.

여기에는 이유가 있습니다. 함께 배움의 수업 방법은 지극히 단순합니다. 간단히 기술하면, 상위권 학생이 수업 시간의 삼분의 일 이내에 풀 수 있는 과제(대체로 지금 하는 수업의 과제 양과 비슷한 정도라고 생각하시면 됩니다)를 제시해서, 한 사람도 예외 없이 과제를 달성할 것을 요구합니다. 이후는 학생들에게 맡길 뿐입니다.

이 방법은 어느 학교 단계, 어떤 교과라도 같습니다. 극한까지 단순화시킨 수업 방법이기 때문에, 일어날 만한 문제도 한정되어 있습니다. 그리고 그 문제는 학교 단계나 교과에 따라 다르지 않습니다.

함께 배움은 이미 20년 이상, 수천 명의 교사들이 실천해 왔습니다. 그렇기 때문에 일어날 만한 문제는 거의 다 나왔습니다. 수많은 교사가 동일한 문제를 고민하며 해결해 왔습니다. 그 해결 방법은 함께 배움 실천자들에게 공유되고, 정리되어 있습니다. 그것이 바로 이 책의 내용입니다. 때문에 당신이 함께 배움을 실천할 때 생기는 문제 대부분은 이 책에 있을 것입니다. 그리고 이 책에 쓰인 대로 하면 해결됩니다.

정말 대단하다고 생각하실 것입니다. 아마도 극한까지 단순화된 함께 배움의 방법이기 때문에 가능한 일입니다. 하지만 어느 정도 진행되고 나면 다음 벽과 마주하게 됩니다. 그것은 자신의 마음이라는 벽입니다. 이 책에서 말한 문제가 일어나고, 이 책에 쓰인 대로 했는데도 해결되었던 것이 해결되지 않게 됩니다. 지금까지 유효했던 방법이 갑자기 효과가 없어지는데 그 까닭을 알 수 없습니다.

많은 선생님이 "어떻게 말하면 될까요?"라고 물어 옵니다. 일단, 이 책에 쓰인 대로 하시라고 알려 줍니다. 그러면 "제가 이렇게 말할 수 있을까요?"라고 염려하는 분이 있습니다. 저는 이렇게 말씀드립니다.

"안심하세요. 선생님이 능숙하게 말하더라도, 서투르게 말하더라도 학생들은 선생님의 마음을 알아차릴 것입니다. 적어도 어른의 속마음을 알아차리는 특기를 가진 2할의 학생이 선생님의 마음을 읽어 낼 것입니다. 선생님의 말이 진심이라면, 말이 능숙하지 않더라도 선생님의 마음을 알아차릴 것입니다. 거꾸로 마음 없이 하는 말이라면, 선생님이 유창하게 말하더라도 선생님의 속마음을 간파할 것입니다. 안심도 되지만, 무서운 면도 있는 것입니다."

이 책을 읽고 실천하려는 분이라면, 책에 쓰인 것을 진심으로 말할 수 있습니다. 서툴더라도 괜찮습니다. 그런데 계속 실천하는 동안에 자만심이 생길 수도 있습니다.

함께 배움은 한 사람도 포기하지 않는다는 염원을 실현하기 위해서, 다양한 사람과 서로 교섭하면서 스스로 과제를 해결하는 것을 배우는 것이 학교 교육의 목적이라는 학교관, 학생들 집단은 유능하다는 아동관을 토대로 한 이론과, 이 이론에서 도출된 방법론으로 구성되어 있습니다.

함께 배움이 궤도에 오르면 정말로 편해집니다. 적어도 교재 준비로 쫓기던 이전과 비교하면 편해집니다. 성적이 오르면 안심할 수 있습니다. 이렇게 되면 무엇을 위해서 함께 배움을 했는지를, 즉 한 사람도 포기하지 않는다는 염원과 다양한 사람과 교섭하면서 스스로 과제를 해결할 수 있는 학생으로 육성한다는 열의가 약해집니다. 그리고 눈앞의 평가 점수만 생각하게 됩니다.

이런 상황이 되면 교사가 '한 사람도 포기하지 말자'고 말하더라도 집단을 리드하는 학생은 알아차립니다. 그래서 자신의 성적만 오르면 된다고 생각해 버립니다. 결국 집단이 느슨해집니다. 결국 편하기 때문에 점점 더 손을 빼게 됩니다.

저의 대학원 시절의 지도교수는 고바야시 선생님입니다. 이전에 문부과학성(당시는 문부성)의 교과조사관이었고, 제가 중·고등학교 시절에 배운 과학과 교육과정을 주도적으로 만든 분입니다.

교과조사관은 직무관계로 일본 전국의 여러 학교에 갈 기회가 많습니다. 이분은 어떤 학교에 가더라도 그 학교의 과학실에 들른다고 합니다. 과학실에 생물(특히 수조에서 기르는 수생식물)을 사육하고 있는지를 본다고 합니다. 그것을 보면 그 학교 과학 선생님의 역량을 바로 알 수 있다고 합니다.

대체로 과학실의 모습은 정리하면 바로 깔끔해집니다. 문부성의 교과조사관이 온다고 하니 당황해서 정리 정돈을 하는 사람도 있습니다. 그런데 생물은 예외입니다. 당황해서 정리 정돈을 하는 사람은 수조까지는 미처 챙기지 못합니다. 설령 챙긴다고 하더라도 수조 안의 수초와 이끼의 모습을 보면 날림인지 아닌지를 금방 알 수 있다는 것이지요. 고바야시 교수님은 이런 말씀을 하신 후, 저에게 "어떻게 하면 금붕어를 죽이지 않고 기를 수 있을까?"라고 물었습니다. 여러분은 금붕어를 사육하는 방법의 포인트가 무엇인지 알고 계신지요?

같은 질문을 저의 대학원생 제자들에게 했습니다. 앞에 있던 Y에게 물었더니 "수조를 깨끗이 하고, 먹이를 성실하게 줍니다"라고 대답합니다(저도 그렇게 대답한 것 같습니다). 저는 Y에게 이렇게 말했습니다.

"그런 일을 계속할 수 있을까? 또, 그런 일을 빈번하게 하면 어떻게 될까? 예를 들어 내가 매일 자네의 머리를 쓰다듬거나 등을 두드리면서 '힘내자!'고 말한다면? 날마다 자네가 어느 정도 연구를 하고 있는지 점검하고, 일일이 세밀하게 지도한다면? 좋을까?"

Y는 웃으면서 좋지 않다고 말합니다.

고바야시 교수님이 하신 말씀은 매일 수조를 들여다보는 것이었습니다. 수조에 생물을 사육해 본 사람은 이해할 것입니다. 날마다 먹이를 주면 수조의 물이 탁해집니다. 사실은, 먹이를 주지 않더라도 지속 가능한 시스템을 만드는 것이 중요합니다. 시스템이 구축되면 먹이를 줄 필요가 거의 없습니다. 금붕어가 배출하는 분뇨는 분해되고, 그것을 영양분 삼아 수초와 이끼가 자랍니다. 이 이끼를 금붕어가 먹기 때문에 수조 안은 이끼로 인해 탁해지지 않습니다. 결과적으로 수조를 청소할 필요가 거의 없습니다. 수조의 환경이 악화되는 것은 과도하게 먹이를 주거나 너무 많은 햇빛이 닿기 때문입니다.

그렇다면 금붕어를 기르는 사람은 어떻게 하면 좋을까요? 날마다 수조 안을 들여다보는 것입니다. 매일 수조 안을 들여다보면 수조의 변화를 알아차릴 수 있습니다. 그 변화를 보면, 따로 특별한 공부를 하지 않더라도 어떻게 하면 좋은지 알 수 있습니다. 문제는 상식 범위 내에서 해결 가능한 것뿐입니다.

즉, 금붕어를 기르는 방법은 아주 간단합니다. 그런데 많은 학교에서 이것이 잘 되지 않습니다. 그 이유는 날마다 수조를 들여다보지 않기 때문입니다. 날마다 들여다보면 알아차릴 수 있는 변화를 놓치고, 문제가 커지고, 결과적으로 수조 전체의 생물을 죽이게 됩니다. 그렇다면 어째서 날마다 들여다보지 않는 것일까요? 그 까닭은 수조 속의 생물을 마음에 두고 있지 않기 때문입니다.

함께 배움은 언뜻 보기에 아무것도 하지 않는 것처럼 보입니다. 판서도 하지 않고, 발문도 하지 않습니다. 그렇지만 교사는 수업 중에 웅변으로 말하고 있습니다. 교사가 학생들을 보고 있으면, 대견스러운 모습에 감동하고, 문제 행동에 얼굴을 찡그립니다. 그 모습을 집단을 리드하는 학생이 슬쩍슬쩍 봅니다. 이렇게 해서 집단은 항상 건전하게 유지됩니다.

그렇지 않으면, '어린이 집단은 유능하다'는 아동관은 단지 방임에 불과할 것입니다. 학생들이 할 수 있는 것은 학생에게 맡겨야 되지만, 학생들이 할 수 없는 것은 교사가 확실히 지도해야 합니다. 예를 들면, 세 자릿수의 덧셈을 가르칠 수 있는 학생은 학급에 꽤 있습니다. 하지만 그 계산을 전원이 달성해야 한다고 말할 수 있는 학생은 없습니다. 이것을 말하는 것이 교사의 일입니다. 그리고 학생들의 모습을 살펴보면서, 표정과 보디랭귀지로 웅변처럼 계속 말하는 것입니다.

함께 배움은 단순하고, 교사의 마음으로 실천하는 수업입니다. 담백한 요리는 재료로 승부하는 것과 같습니다. 그렇다면 그 마음을 어떻게 다지면 좋을까요? 폭포수 밑에서 수양을 쌓아야 할까요, 고매한 철학자의 책을 읽어야 할까요.

저는 이런 방법을 권하지는 않겠습니다. 저를 포함한 많은 교사들은 보통 사람입니다. 절대로 성인군자가 될 수 없습니다. 고민도 되고, 포기하고 싶기도 합니다. 자, 그것을 피하려면 어쩌면 좋을까요? 저는 두 가지를 권합니다.

첫째는, 학생들이 살아갈 미래 사회는 어떤 세계인지 공부해야 합니다. 어려운 책이 아니라도 좋습니다. 쉬운 책을 읽어 주세요. 한국도 제가 살고 있는 일본과 동일한 상황일 것입니다. 제가 어렸을 때와 같은 호경기는 더 이상 올 수 없습니다. 절대로. 왜냐하면 어린이가 줄고 노인이 늘기 때문입니다. 그리고 로봇, 인공지능은 노동자뿐만 아니라 화이트칼라의 중간관리자 역할도 빼앗아 갈 것입니다.

기업의 수명이 짧아지고 실업은 일상이 될 것입니다. 그런 사회에서 어린이들은 50년 이상 일해야만 합니다(이런 내용을 『학력의 경제학』에 썼습니다). 이대로는 눈앞에 있는 제자들이 기아에 떨고 고독사할 수도 있습니다. 이것은 위협이 아닌 사실입니다. 그렇다면 어떻게 하면 좋을까요? 모든 어린이들에게 동료를 만들어 주어야 합니다. 이것이 가능한 곳은 학교입니다.

함께 배움은 단순한 수업 방법이 아닙니다. 모든 제자들이 충실한 인생을 살 수 있도록 하기 위한 문화입니다. 그리고 이런 문화 속에는 여러분의 자녀와 손자도 포함될 것입니다. 이런 시대 변화를 인식하여 마음을 굳게 갖기를 바랍니다.

둘째는, 다른 분들과 함께 하시기 바랍니다. 개개인은 약합니다. 힘들면 포기하고 싶어집니다. 함께 배움을 실천하면 지금까지 보이지 않았던 학급의 '그늘'이 보입니다. 그 그늘을 외면하는 것은 그 속에서 괴로워하는 학생을 포기하는 것입니다. 또, 수업이 잘 진행되지 않으면 불안해집니다. 어떻게 하면 좋을까요? 동료 선생님들과 함께 하시면 됩니다.

아무리 복잡한 고민도 다른 사람과 대화하면, 자신의 고민이 세상에서 처음 하는 고민도 아니고, 답이 없는 고민도 아님을 알게 됩니다. 이것만 알아도 꽤 마음이 가벼워집니다.

아마 여러분도 그런 경험이 있었을 것입니다. 다양한 동료들과 이야기를 해 보면, "아, 나도 그랬는데~"라는 소리만 들어도 마음이 편해지지 않았나요?

또 골똘히 고민하면 시야가 좁아지지만 다른 사람 눈에는 제대로 보입니다. 결과적으로, "그 고민, 책에 있는 내용이네!"라고 알려 줍니다. 그 책을 본인이 가지고 있고, 몇 번이나 반복해서 읽었음에도 불구하고 초조해지면 놓쳐 버리고 맙니다.

한국에도 많은 함께 배움 실천자가 생겨나고 있습니다. 그분들과 연대하시기 바랍니다.

자, 지금 시작하는 분은 책에서 말한 대로 해 주십시오. 이것이 가장 안전한 방법입니다. 수천 명의 교사가 시행착오를 거쳐서 얻은 노하우이기 때문입니다. 우선 믿고 실천해 주세요. 그리고 동료 선생님과 함께 한국 어린이들의 미래를 열어 갑시다.

2017년 3월

니시카와 준

---

*우리나라에도 함께배움연구회가 있습니다. 다음 카페에서 '함께배움연구회'를 입력하면 됩니다. 회원 가입을 환영합니다-옮긴이.

함께 배움과 교사의 말하기

함께 배움에서 교사의 말하기 효과는 강력합니다.

이 책은 그 말하기 방법에 관한 이야기입니다. 구체적인 사례는 본문에 맡기고 여기서는 왜 말하기가 강력한지에 대해서만 간단히 이야기하겠습니다.

교사가 훈계를 한다면 그 대상은 누구일까요? 아마도 문제 행동을 하는 학생이겠지요.

그런데 함께 배움에서는 문제 행동을 하는 학생에게 훈계하는 것은 헛수고라고 생각합니다. 그 학생에게 말하더라도 행동이 변하지 않는다는 것을 알고 있기 때문입니다.

그 대신 학급에는 교사의 말을 순수하게 받아들이는 학생이 있습니다. 이 학생에게 말해야 한다는 것이 함께 배움의 사고방식입니다.

그 핵심은 바로 '한 사람도 포기하지 않는다'는 함께 배움의 사고방식에 있습니다.

지금까지 교사가 언급하는 것을 순수하게 받아들였던 학생은 자기 자신만 제대로 하면 칭찬을 받을 수 있었습니다. 그런데 함께 배움에서는 한 사람도 포기하지 않는다는 것의 의미를 거듭 강조해서 말합니다. 그 결과 교사가 말하는 것을 순수하게 받아들이는 학생이 문제 행동을 하는 학생에게 가서 "공부하자"라고 권하게 됩니다. 즉, 지금까지는 모든 문제를 혼자서 끌어안고 혼자서 고민하던 교사가 학생들과 함께 문제를 해결해 나갑니다.

이 책에 실린 사례를 읽을 때는 그것을 '클럽 활동'으로 바꾸어 생각해 보세요. 그렇게 하면 함께 배움에서의 말하기가 정말 강력하다는 것을 이해하실 것입니다. 당신이 클럽 활동을 지도하면서 했던 말들을 그대로 교과 지도에 사용하면 함께 배움의 말하기가 될 것입니다.

클럽 활동 국어, 클럽 활동 수학, 클럽 활동 실과…. 이런 시간을 통해서 눈앞의 학생 모두를 성장시킬 수 있습니다.

함께 배움이란 한 사람도 포기하지 않는다는 사고방식을 액면대로 구현할 것을 목표로 한 교육입니다.

한 사람도 포기하지 않는 것은 당연하지 않은가라고 여겨지지만, 정말로 당연한 것일까요?

학급 학생들의 얼굴을 떠올려 보세요. '그 친구는 어쩔 수 없어'라고 생각되는 학생이 한두 명이 아닐 것입니다. 일 년 동안이나 지도했지만 생활통지표에 써넣을 말이 도저히 생각나지 않는 학생이 꽤 있을 것입니다. 이 학생들을 포기한 것은 아닐까요?

또, 다른 측면에서 포기한 학생이 있습니다.

바로 학급에서 성적 상위권 학생입니다.

학급의 3할 정도의 학생은 학원, 온라인 교육, 과외로 배우고 있습니다. 일본의 모든 학교 수업은 성적의 중위 또는 중하위에 맞추어 진행됩니다. 상위권에 맞추면 학급 학생 대부분이 이해하지 못하기 때문입니다. 반대로 하위권에 맞추어 진행해도 학급 대부분의 학생은 지루해합니다. 무엇보다 수업을 제 시간 내에 끝내지 못하게 됩니다. 그래서 수업을 중위 또는 중하위에 맞추어 진행합니다.

상위권 학생은 이런 상황을 참을 것이라고 여기고, 하위권 학생은 애초부터 무리라고 생각하기 때문입니다.

보통은 교사도 학생들도 '그건 어쩔 수 없다'고 생각할 것입니다. 하지만 함께 배움에서는 한 사람도 포기하지 않습니다. 모두가 행복하기 위해서는 교사 혼자서는 무리입니다. 학생들과 함께 해야 합니다.

한 사람도 포기하지 않는다는 것을 학생들이 진심으로 생각하지 않으면 포기하는 학생이 나올 것입니다. 그래서 함께 배움에서는 수업의 여러 장면 속에서 다양한 표현으로 한 사람도 포기해서는 안 된다는 것을 계속해서 이야기하는 것입니다.

그럼, 무엇을 이야기해야 할까요?

그것은 개개인이 다를 것입니다. 여러분의 과거 경험을 회상해 보세요. 또, 지금 교사로서 살고 있는 자신과 가족의 지원을 받고 살아온 자신을 생각해 보세요. 한 사람도 포기하지 않는 것이 도덕적인 미사여구가 아니라 자신에게 실질적인 이익이 된다는 것이 실감 날 것입니다. 그리고 그런 경험은 아주 많을 것입니다.

이 책에는 함께 배움 수업 중에 해야 할 교사의 말하기 사례를 정리했습니다. 이것은 어디까지나 사례에 불과합니다. 여러분의 실제 체험을 바탕으로 재구성해서 말해 보세요. 그 말 속엔 혼이 담길 것입니다.

함께 배움 수업의 흐름은 매우 단순합니다.

먼저 그 시간의 과제를 부여합니다. 수학과라면 대체로 두 쪽 정도의 문제를 풀고 그중에 핵심이 되는 한 문제를 골라 모두가 이해할 수 있는 설명 쓰기라는 과제일 것입니다.

수학 이외의 과목은 어떻게 할까요?

어떤 과목이라도 자습 시간은 있습니다. 선생님이 출장을 가야만 할 때, 자습 과제를 만들 것입니다. 그 자습 과제로도 좋습니다. 함께 배움은 단지 전원 달성할 것을 요구하는 것입니다.

수업 중의 구체적인 언급은 이 책의 본문에 나와 있습니다. 그 내용의 핵심은 마음에 걸리는 학생을 움직이려고 하지 않고 집단을 움직이는 말하기입니다.

함께 배움에서는 수업 시간의 대부분 동안 학생들이 일어나 돌아다니고 서로 이야기합니다. '정말?'이냐고요? 클럽 활동 시간을 생각해 보세요. 많은 학생들이 스스로 연습하지 않습니까? 감독은 그 모습을 천천히 둘러봅니다. 클럽을 리드하는 학생은 감독의 모습을 관찰하고 자신들의 행동을 수정합니다.

일류 클럽은 연습 프로그램을 학생들이 생각해 냅니다. 감독은 처음과 마지막에 훈계하는 말을 할 뿐입니다. 하지만 감독이 그곳에 서 있는 것만으로도 클럽은 긴장합니다. 이런 모습이 함께 배움에 가장 가깝습니다.

함께 배움에서는 수업 종료 약 5분 전에 마무리를 합니다. 종래의 수업에서는 몇 사람을 지명해서 수업 내용을 질문하고 응답하게 하거나, 칠판을 사용하여 교사가 정리해 주는 시간입니다.

함께 배움에서는 이렇게 수업 내용을 확인하지 않습니다. 끝까지 수업을 통해 한 사람도 포기하지 않는 집단이 되었는지 아닌지를 평가하고 이야기합니다. 이런 모습은 클럽 감독의 활동 마지막 훈계와 같습니다.

이것의 반복이 함께 배움입니다.

한편, 이런 함께 배움이 지금까지의 협동하는 학습과는 상당히 다르다는 것을 이해하실 것입니다.

혹시라도 대부분의 시간을 돌아다니게 하는 수업이라면 '나에게는 무리다'라고 생각하는 분도 있을 것입니다.

보통 그렇게들 생각하십니다. 저도 수십 년 동안의 학술 연구와 실천을 통해 지금의 함께 배움에 도달했기 때문에 갑자기 전면적으로 도입하는 것에 대해 저항감이 드는 것은 당연합니다.

그렇지만 '수업에서 한 사람이라도 포기해서는 안 된다'고 말하는 것은 좋습니다. 거꾸로 학급 목표가 '모두가 사이좋게'인데, 수업에서는 그것을 추구하고 있지 않다면 학급 목표는 구호에만 머물러 있을 뿐입니다.

일주일에 1회라도 좋습니다. 앞서 언급한 것처럼 자습 과제를 만들고, 이 책에서 말하는 교사의 말하기를 실천해 본다면 학생들의 움직임이 변하는 것을 실감할 수 있을 겁니다.

학기 중간에 시작해도 괜찮습니다. 언제라도 좋습니다. '좋은 것은 서둘러라'라는 속담이 있습니다. 혹시 함께 배움의 시작이 주저된다면, 이 책에서 설명한 말하기는 종래의 수업 방식에서도 유효하므로 꼭 한 번 시험해 보시기 바랍니다.

자, 시작합시다.

[함께 배움의 모습]

차례

3장 3개월 이후

*일러두기
본문 중 다른 색으로 강조한 부분은 원저자가 표시한 것입니다.

1장

최초의 일주일

최초의 일주일

함께 배움을 시작해서 일주일간은 조마조마할 것입니다. 무엇보다도 지금까지 수많은 궁리 끝에 그럭저럭 유지해 왔던 수업을 학생에게 맡기는 것이기에 '괜찮을까'라고 불안한 마음이 드는 것은 당연합니다.

그런데 실제로 해 보면 생각보다 정말 간단하다는 것을 알게 됩니다.

그 이유는 명쾌합니다. 에너지가 넘치는 학생들에게 '조용히 하세요. 앉아 있으세요. 공책에 쓰세요'라고 요구하는 것과 '서로 이야기해도 좋아요. 일어나서 돌아다녀도 좋아요. 하지만 한 사람도 포기하면 안 돼요'라고 요구하는 것은 그 힘듦에서 큰 차이가 나기 때문입니다(확실히 후자가 간단합니다).

보통의 학급이라면 8할 정도의 학생들은 누군가와 연결되어 있습니다. 그렇기 때문에 "자, 시작하세요"라고 학생들에게 맡기면 바로 누군가에게 가서 서로 이야기합니다.

그런데 갑자기 교사가 "자, 시작하세요"라고 말하면 학생들도 당황할 것입니다. '정말로 서로 이야기해도 좋을까?'라고 교사의 말을 의심할 것입니다.

지금까지는 학생들이 일일이 교사의 지시에 따라 행동해 왔기 때문에 자기 스스로 생각하는 습관을 들이지 못했습니다.

이런 이유로 최초의 일주일 동안 교사가 말해야 하는 것은 '학생들을 신뢰하고 있다'는 것입니다.

학생들에게는 스스로 생각해서 문제를 해결해야 한다고 요구하세요. 학생들에게 맡기면 문제가 일어나지만, 함께 배움에서는 교사의 눈앞에서 일부러 문제를 일으킵니다. 문제가 발생했을 때는 문제가 있다고 말하고 해결하기를 요구합니다. 이때 구체적인 해결책을 주고 싶은 마음이 들더라도 참으면서 학생들에게 대강의 예시만 제시합니다.

교사의 일은 학생을 성인으로 자라나게 하는 것입니다. 성인 사회에는 '교사'가 없습니다. 교사 없이 해결하는 연습을 학교에서 해야만 합니다.

함께 배움을 시작할 때

여러분은 학교에
무엇을 하기 위해 오는지
알고 있나요?

함께 배움은 언제라도 시작할 수 있습니다.

새 학년이나 학기 초가 아니라도 하고 싶다는 생각이 들었을 때 시작해도 상관없습니다.

물론 처음에는 학생들에게 왜 함께 배움을 시작하는가를 설명해야 합니다. 그렇지 않으면 학생들은 혼란스러워할 것입니다.

학생들에게 처음으로 함께 배움을 설명할 때 대표적인 예를 소개해 보겠습니다.

핵심은 두 가지입니다. 초등학교의 중·고학년 또는 중학교·고등학교 학급이라면 한 번에 이야기해도 괜찮지만, 초등학교 저학년이라면 두 번에 나누어 설명하는 것이 좋습니다.

먼저, 교사가 학생들에게 질문합니다.

"오늘부터 함께 배움이라는 수업을 시작합니다. 먼저 함께 배움 수업에 대해서 설명하겠습니다. 설명하기에 앞서 여러분은 무엇을 하기 위해서 학교에 오는지 알고 있습니까?"

아마도 학생들은 '공부하기 위해서'라고 말하겠지요.

"그렇습니다. 그러면 무엇을 공부하기 위해서 올까요?"

"수학!"

"국어!"

"나는 체육!"

학생들은 여기저기서 여러 교과를 말하겠지요. 중학교, 고등학교에서는 좀 더 고도의 반응이 나올 것입니다. 이때부터 교사가 말합니다.

"그렇군요. 확실히 모두 다 중요하군요. 그런데 우리 중에는 어떤 것을 잘하지 못하는 친구도 있습니다. 그렇더라도 걱정할 필요는 없습니다. 그리고 실망할 필요도 없습니다.

예를 들어 계산을 생각해 봅시다. 선생님은 올 한 해 동안 수업 시간 말고는 직접 계산한 적이 없습니다. 전자계산기를 사용하여 계산했습니다. 또, 수업 중에 뜀틀을 배우지만 거리를 걷다가 뜀틀이 있어서 그것을 뛰어넘어야 하는 것은 아닙니다.(학생들이 웃는다)

물론 이것은 웃고자 하는 이야기입니다. 선생님이 말하고 싶은 것은 학교는 더욱더 중요한 것을 배우기 위해 있다는 것입니다.

그것은 바로 다양한 사람과 어울리면서, 그 사람의 힘을 빌리는 것입니다. 이를 통해 모르는 것을 이해하고, 할 수 있게 되는 능력을 배우는 곳입니다.

선생님도 잘 못하는 것이 있습니다. 예를 들면 컴퓨터를 잘 다루지 못합니다. 그럴 때는 다른 선생님에게 부탁을 합니다. 그 대신 저는 자동차를 잘 알고 있어서 다른 선생님의 자동차가 이상할 경우에 살펴봐 드립니다.

나뿐만 아니라 이 세상 모든 것을 다 잘하는 사람은 없습니다. 모두 잘하려고 마음먹어도 그것은 무리입니다. 그 대신에 다양한 사람과 어울리면서 그 사람의 힘을 빌릴 수 있는 사람이 사회에서 인정을 받을 수 있습니다.

좀 다른 이야기를 하겠습니다. 모두가 공부한 것을 이해하려면 선생님 한 명당 학생이 몇 명 있으면 될까요? 지금처럼 30명입니까? 20명입니까? 10명입니까?

학생들에게 물어보면 선생님 한 명당 한 사람이라는 응답이 나올 것입니다. 교사는 고개를 끄덕이며 다시 물어봅니다.

"그렇군요. 어째서 선생님 한 사람당 학생 한 명인가요?"

"그래야 언제라도 배울 수 있기 때문입니다."

"그런데 가르쳐 주시는 선생님과 잘 안 맞는 경우가 있겠지요. 선생님은 모두가 이해할 수 있도록 설명하고 싶지만 그 설명에 긴가민가하는 친구도 있지 않을까요?(학생들이 웃는다) 그 학생에게 내가 일대일로 가르친다면 어떻게 될까요?"

"열심히 공부합니다."

"내 설명을 이해하지 못한다면 어떻게 될까요?"

"아는 척합니다."(웃음)

"아, 아는 척하면 어쩔 수가 없겠군요. 정말로 이해하기 위해서는 자신에게 맞는 사람에게 일대일로 철저하게 배워야 하겠군요. 그렇다면 지금처럼 해서는 안 됩니다.

그래서 우리는 함께 배움을 하는 것입니다. 함께 배움에서 가장 중요하게 여기는 것은 '한 사람도 포기하지 않는다'는 것입니다. 모두가 한 사람도 포기하지 않는다는 것을 소중히 하면 여러 사람과 어울릴 수 있습니다. 그리고 모두에게서 배울 수 있습니다.

이를 위해 앞으로의 수업에서는 선생님은 바로 가르쳐 주지 않을 때가 많을 것입니다. 저는 가르치고 싶어서 교사가 되었지만, 선생님이 한 번 가르치기 시작하면 여러분이 서로 가르치고 배우는 것을 방해하게 됩니다.

그러니까 참겠습니다. 그 대신, 모두가 서로 가르치고, 서로 듣고 배우기를 바랍니다.

좋습니다. 이 수업에서는 절대로 한 사람도 포기해서는 안 됩니다. 한 사람을 포기하는 학급은 두 사람도 포기하고, 세 사람도 포기합니다. 네 번째 사람이 바로 당신이 될 수도 있습니다. 누구라도 이런 학급은 싫겠지요. 이해했습니까?"

교사의 말이 끝나면 학생들은 모두 "네"라고 대답할 것입니다.

이와 같은 말하기는 한 가지 보기에 불과합니다. 그리고 지금 무엇을 말할지는 중요하지 않습니다. 학생들은 교사의 본심을 탐색합니다. 말한 후의 언동을 찬찬히 관찰하여 앞에서 말한 것이 정말인지를 탐색합니다. 긴장해야 합니다.

이것을 달리 말해 볼까요.

"그 마음이 진심이라면 일부의 학생들에게는 전해집니다."

학생이 돌아다니려고
하지 않을 때

이해되지 않으면
묻고 싶은 친구에게
찾아가도 좋아요.

에너지가 넘치는 학생들에게 "수업 중에 일어나 돌아다니면서 서로 이야기해도 좋아요"라고 말해도 자기 자리에 그대로 앉아 있을 때가 있습니다.

왜 그럴까요? 교사의 속마음을 탐색하고 있기 때문입니다.

학생들은 교사가 언급한 말의 의미를 가늠해 보는 것입니다. 이들은 '돌아다니라고 하는데 어디까지가 좋다는 것일까?'라고 생각합니다.

어떤 학급이라도 멈칫거리는 학생은 있습니다. 그 학생의 옆에 다가가서 좀 큰 목소리로 이렇게 말해 보세요.

"어! 어째서 가만히 있을까? 하하하. 이해가 안 되면 잘 이야기해 줄 것 같은 친구에게 찾아가도 좋아요. 쉬는 시간에 서로 이야기하는 것처럼 해 보세요. 모르는 채로 가만히 있는 것은 정말 어리석은 일이에요."

아마도 그 학생은 어색해하며 일어날 것입니다. 이때 "그래요. 잘 모르면 물으러 가는 게 좋아요"라고 미소를 지으면서 말해 주면 다른 학생들도 움직이기 시작할 것입니다.

가르쳐 달라고 말하지 못하는
학생이 있을 때

이 문제 어렵군요.
학급에는 해결할 수 있는
친구가 많이 있어요.
모두가 달성하려면
어떻게 하면 좋을까요?

문제를 이해하지 못한 채로 머뭇거리는 학생이 있습니다. 교사는 '○○에게 가서 물어보세요'라고 말하고 싶겠지만, 그런 방법은 바람직하지 않습니다.

학생들의 궁합은 다양합니다. 성인들도 그렇지 않은가요. 여러분이 교장에게 같은 말을 들었다면 어떤 생각이 들지 상상해 보면 이해가 될 것입니다.

어떻게 하면 좋을까요. 우선, 그 학생이 왜 물으러 갈 수 없는가를 생각해 보세요. 대부분의 학생들은 자신이 모른다는 것이 학급 친구들에게 알려지는 것을 싫어합니다. 즉, 모르는 학생을 무리해서 움직이게 하는 것은 좋은 방법이 아닙니다.

그러니까 모르는 학생이 아닌, 알고 있는 (가르쳐 줄 수 있는) 학생을 움직이게 합시다.

모르는 학생의 책상을 쳐다보면서 "어! ○○는 2번 때문에 고전하고 있군요. 이 문제 좀 어렵지요. 그런데 우리 학급에는 2번을 풀 수 있는 친구가 많이 있어요. 모두가 달성하려면 어떻게 하면 좋을까요?"라고 말하면서 지나갑니다. 그러면 그 학생에게 다가가 가르치기 시작하는 착한 친구가 나타날 것입니다.

좀 있다가 다시 그 친구 근처에 가서 "좋아요~"라고 부러운 듯이 이야기합니다. 그리고 수업 마지막에 이렇게 칭찬을 합니다.

"사람은 잘하는 것과 못하는 것이 있습니다. 이것은 자연스러운 일입니다. 중요한 것은 다른 사람에게 물어볼 수 있는 능력과 다른 사람에게 가르쳐 줄 수 있는 능력입니다. ○○가 2번을 어려워했는데, □□가 다가가서 가르쳐 주었습니다. 아주 멋지게 알려 주었습니다. ○○도 진지하게 들었습니다. 정말 멋집니다!

몰라도 좋습니다. 마지막에 알면 되니까요."

사람은 칭찬으로 커 갑니다. 최대한 칭찬합시다(설령 ○○가 진지하게 듣지 않았어도 칭찬을 해 줍니다).

그런데 '몰라도 좋습니다. 마지막에 알면 되는 것입니다'라는 말은 모르는 학생들에게 하는 말이 아닙니다. 이것은 알고 있는 친구들에게 하는 말입니다.

앞서 말한 대로 모르는 학생은 모른다는 것이 밝혀지는 것을 꺼립니다. 그리고 교사가 '몰라도 좋습니다. 마지막에 알면 되는 것입니다'라고 아무리 말하더라도 납득이 되지 않습니다.

그런데 이 말을 가르쳐 주는 학생이 하면 어떨까요?

가르쳐 주는 친구로부터 '몰라도 좋아. 마지막에 알면 되잖아'라는 말을 듣는다면 좀 더 쉽게 받아들이지 않을까요?

'이 친구는 내가 모르더라도 바보 취급을 하지 않는구나'라고 생각한다면 진지하게 들어줄 마음이 생길 것입니다. 결국 스스로 듣기 시작할 것입니다. 이런 모습을 보았으면 다른 학생들에게 알려 주세요.

"오늘 멋진 모습을 보았습니다. △△가 '몰라도 좋아. 마지막에 알면 되잖아'라고 말하면서 가르쳐 주었습니다. 선생님도 정말로 그렇게 생각합니다. 그렇게 말하자 ○○도 진지하게 질문을 했습니다. 멋있어요!"

이렇게 말하면 따라 하는 학생이 늘어날 것입니다.

베끼거나 놀고 있는
학생이 있을 때

'음~' 하고 소리를 내면서
못마땅한 표정을 짓지만
굳이 주의를 주지 않는다!

혹시 답을 그대로 베끼는 학생이 있으면 "음~" 하고 신호를 보내세요. 그리고 "학급의 모두가 정말로 알고 있을까요? 답을 그대로 베끼는 친구는 없습니까?"라고 천장을 바라보면서 좀 큰 목소리로 말해 주세요.

또 놀고 있는 학생이 있으면 그 학생 쪽을 슬쩍 쳐다보면서 약간 찡그린 표정을 보여 주세요. 그리고 '선생님은 놀고 있다는 걸 알고 있어요. 여러분도 알고 있을 것입니다. 그런데도 이대로 둔단 말인가요?'라는 기분으로 학급 전체를 바라봅니다.

학급에는 학급 전체를 살펴볼 수 있는 학생이 있습니다. 그들은 답을 그대로 베끼는 학생이 있는 것도, 놀고 있는 학생이 있는 것도 알아차립니다. 단지 그것을 주의시키는 것은 교사의 일이라고 생각할 뿐입니다. 지금까지 그렇게 해 왔으니까요.

그러므로 그들은 그런 상황에서 교사가 주의를 주지 않으면 놀랄 것입니다. 그리고 바로 알아차립니다.

'이 상황에서 우리가 무엇인가 해야 되지 않나?'

이렇게 생각하고 움직이는 학생이 있다면 기억해 두었다가 수업 마지막에 이렇게 칭찬해 주세요.

"우리 반은 대단합니다. 공부에 집중하지 않는 친구가 있었는데 어면 친구가 '함께 공부하자'고 권했습니다. 그러자 공부에 집중하지 않았던 친구도 그 친구의 권유를 받아들여 공부에 집중했습니다."

"답을 그대로 베끼려고 하는 친구가 있었습니다. 어쩔 수가 없었겠지요. 정말 알려고 했지만 그래도 이해가 되지 않았기 때문에 답을 베끼려고 했을 것입니다.

그런데 이 친구가 정말로 이해했는지 물어보고 확인해서 끝까지 포기하지 않고 이해할 수 있도록 설명해 준 친구가 있었습니다. 그리고 이 친구의 설명을 듣고 정말로 이해하기 위해 노력한 친구도 있었습니다. 대단하지요!"

다음 시간부터는 이처럼 행동하는 학생들이 분명히 늘어날 것입니다.

그런데 교사가 학생들이 행동할 수 있도록 계기를 주었음에도 불구하고 학생들이 움직이지 않는다면 어떻게 해야 할까요?

그럴 때에는 수업 끝나는 시간까지 참았다가 이렇게 말합니다.

"오늘도 여러분의 멋진 모습을 많이 발견했습니다(먼저 이날 있었던 좋은 점을 칭찬합니다. 열 번 칭찬한 다음에 한 가지 주의를 주는 비율로).

하지만 유감스러운 부분도 있었습니다. 선생님이 살펴보니 옆 친구의 공책을 보고 한 자 한 자 똑같이 적고 있는 친구가 있었습니다. 그것은 베끼는 것이 아닐까요? 또 놀고 있는 친구도 있었습니다. 베끼는 학생, 놀고 있던 학생 모두 유감스럽습니다. 그런데 이 학생들 이상으로 유감이었던 것은 그것을 그대로 보고만 있었던 다른 학생들입니다.

선생님이 알아차렸으니 이 학생들 옆에 계속 있었던 여러분도 알아차렸을 것입니다. 이것은 친구를 포기한 것이 아닐까요? 한 사람을 포기하면 두 사람도 포기하고, 세 사람도 포기하게 됩니다. 네 번째는 여러분 자신이 될지도 모릅니다. 어떻게 하면 좋을지 생각해 보세요."

함께 배움에서 학생은 자유롭습니다. 그렇기 때문에 한 사람 한 사람의 '바탕'이 보입니다. 그 바탕은 교사뿐만 아니라 학생들에게도 보이기 때문에 학생들이 그것을 바로잡는 집단으로 성장할 수 있습니다.

혼자 공부하는
학생이 있을 때

> 말없이 움직이지 않고 있으면
> 전원 달성을 할 수 없습니다.

수업 중 모두가 함께 배움을 하고 있는데 혼자서 시간을 보내는 학생이 있습니다. 이런 상황이라면 교사는 결국 이 학생을 어떤 그룹에 넣으려고 시도하겠지요. 그렇게 하면 그 학생은 그 그룹에서도 외톨이가 되어 버릴 것입니다.

　우선 '다른 학생들이 이 학생을 거부하지는 않는다'는 느낌으로 말을 걸어 보세요.

　"△△는 혼자서 공부하고 있군요. 좋습니다. 함께 배움은 절대로 그룹이 되어야 한다고는 말하지 않습니다. 한 사람도 빠짐없이 문제를 풀어서 행복하면 좋은 것입니다.

　'모두'라는 말에는 자기 자신도 포함되어 있습니다. 자기 혼자서 공부해서 이해가 된다면 혼자서 공부해도 좋습니다. 그런데 이해를 했다면 모두가 알 수 있도록 스스로가 할 수 있는 것을 찾아서 해야 합니다."

　이런 언급이 거짓임을 그 학생도 주위의 학생들도 알고 있습니다. 어디까지나 대증요법입니다. 그렇다면 이 상황을 근본적으로 해결하기 위해서는 어떻게 하는 게 좋을까요?

　혹시 그 학생이 앞에서 언급한 것처럼 혼자서 이해했다면 결국 과제 달성은 될 것입니다. 이때 "해결했네. 지금부터 네가 활약할 시간이야"라고 말해 주세요. 만약 혼자서는 이해하지 못할 경우라면 그 학생은 연필을 멈추고 멍하게 있을 것입니다. 이럴 때는 학생 전체를 향해서 이렇게 말합니다.

"이 시간의 과제는 전원 달성입니다. 여러분 모두는 학급 전체를 살펴보세요. 몰라서 힘들어하는 친구는 없습니까?

모르는 학생은 해결한 친구를 찾아봅시다. 말없이 움직이지 않으면 전원 달성을 할 수 없습니다. 여러분이 할 수 있는 방법을 모두 써 보세요."

그렇게 말하면 마음 착하고 성적이 좋은 학생이 알아차리고 다가갈 것입니다.

교사는 그 순간 "좋아요~"라고 칭찬해 주세요. 그리고 수업이 끝날 때 이렇게 말해 주세요.

"오늘 여러분의 움직임은 대단했습니다. 학급 친구 모두를 살펴보고 자신이 무엇을 해야 할 것인가를 생각하는 친구들이 많았습니다. 이것은 아주 중요합니다. 여러분 모두가 학급 친구 모두를 살펴보는 학급이 되면 더 대단한 것을 할 수 있어요. 여러분이라면 가능합니다."

외톨이가 된 친구에게 다가가 가르쳐 준 학생은 '내 이야기를 하고 있네'라고 생각할 것입니다. 그리고 성적이 좋은 다른 학생들은 따라 하게 됩니다.

혹시 그렇게 해도 마지막까지 외톨이 학생이 있어서 과제 달성을 하지 못했다면 이렇게 말해 주세요.

"오늘 전원 달성을 하지 못했습니다. 왜 그랬을까요? 여러분의 모습을 보고 있었습니다. 열심히 가르쳐 주고, 열심히 배우는 친구들이 많이 있었습니다. 하지만 전원 달성을 하지 못했습니다. 그 이유는 무엇일까요?

함께 배움은 전원 달성을 목표로 합니다. 자신이 누군가를 가르쳤다고 그것으로 충분한 게 아니고, 또 내가 알았다고 해서 다 된 것이 아니에요. 전원 달성할 때까지 모두가 아직 끝난 것이 아닙니다. 학급 전체를 살펴보고 자신이 할 수 있는 것을 생각해 주세요."

틀리게 풀고 있는
학생이 있을 때

어!
3번 틀리지 않았나?

함께 배움에서는 교사가 말하면 안 된다고 오해하는 사람들이 있습니다. 그렇지 않습니다. 안이하게 가르치는 것을 자제할 뿐이에요. 교사가 말해야 할 것도 적지 않습니다.

예를 들어 '지적하기'는 오케이입니다.

가령 어떤 학생이 틀리게 풀고 있으면 안타까운 심정을 담아 모두가 들리도록 말해야 합니다.

"어! 3번 틀리지 않았나?"

그러면 다가와서 가르쳐 주는 학생이 나타납니다. 혹시 최후까지 나타나지 않으면 수업이 끝날 때 다음과 같이 말합니다.

"3번의 답은 무엇일까요? 2번이지요. 그런데 5라고 공책에 쓴 채로 공부를 마친 친구가 있었습니다. 왜 이런 일이 일어날까요? 답이 2번이라는 것을 알고 있는 친구는 왜 학급 모두가 제대로 했는지를 확인하지 않았을까요? 이것은 학급 친구나 자신을 포기하는 것이 아닐까요? 이래도 좋을까요?"

교사의 일은 자신이 가르치는 것이 아니라 학생들을 연결하는 것입니다.

싸움이 일어났을 때

(학급 전원을 향하여)
여러분은
선생님보다 먼저
'아~' 하고
알아차리지 않았나요?

학생들이 적극적으로 서로 어울리다 보면 아무래도 소소한 마찰이 발생할 수 있습니다. 특히 저학년에서는 싸움으로 번지는 경우가 자주 있습니다. 이럴 때 교사는 어떤 말을 해야 할까요?

싸움이 일어나면 교사는 중재하고 싶은 마음이 들겠지만 우선은 그대로 두어야 합니다. 그리고 그 추이를 가만히 지켜보세요. 교사가 지켜보는 모습을 학생들에게 보이는 것이 중요합니다.

물론 싸움이 격해져서 폭력이나 인권 침해에까지 이를 것 같다면 즉시 중지시킵니다. 그렇다고 교사가 싸움을 해결하려고 해서는 결코 안 됩니다.

싸움을 한 학생들을 살펴보면 대체로 누가 원인인가를 예상할 수 있습니다. 그리고 그것을 바탕으로 해결할 수 있을지도 모르겠습니다.

그런데 그것이 틀릴 수도 있습니다. 교사가 잘못한 학생이라고 생각한 학생에게 주의를 주었을 때, 그 판단이 틀렸다면 그 학생은 크게 반발할 것입니다. 가령 옳았다고 하더라도 일방적으로 단정 짓는다면 역시 반발할 것입니다.

교사가 할 일은 해결하는 것이 아니고 이야기를 듣는 것입니다. 무슨 일이 있었는지 들어주는 것입니다.

이때 목격한 학생들이 말하는 경우가 있어도, 잠시 기다리라는 말로 제지하고, 당사자의 말을 가만히 기다리세요.

당사자의 말은 온갖 욕설이 나오는 감정적인 내용일지도 모르겠습니다. 그래도 확실하게 듣고 사실인 부분만 추려 냅니다. 그리고 상대방에게 "○○는 ~라고 말하고 있어요"라고 전합니다.

이후에는 이렇게 번갈아 가며 말합니다. 이렇게 계속하면 학생들은 점차 차분해질 것입니다. 냉정히 생각해 보면 시시한 것 때문에 싸움이 일어났음을 알게 됩니다.

이때부터 다른 학생들을 끌어들입니다. 싸움을 한 학생들의 말을 들려준 다음 "□□는 어떻게 생각하지요?" 등의 질문을 합니다.

싸움이 정리되면 교사는 다음과 같이 이야기합니다.

"오늘 싸움이 있었습니다. 이것은 모두가 알고 있지요. 사람과 사람이 접촉하다 보면 갈등이 생기는 것은 당연합니다. 그러니까 상대에게 화가 나는 것도 이상한 일이 아닙니다.

하지만 그것을 폭언이나 폭력으로 해결하는 것은 올바른 방법이 아닙니다. 물론 싸움이 일어났을 때 냉정해야 한다는 말을 듣더라도 막상 그렇게 하기는 쉽지 않습니다. 그런데 학급에서 싸움이 일어나면 싸움의 당사자뿐만 아니라 우리 학급 모두가 언짢은 기분이 듭니다. 자, 어떻게 하면 좋을까요?

여러분은 선생님보다 더 빨리 '아~' 하고 알아차리지 않았나요? 그리고 애초에 싸움이 일어난 원인도 알고 있지 않았나요? 따라서 선생님보다 여러분이 할 수 있는 일이 더 많을 것입니다.

중요한 말이니 잘 들어 보세요.

사람과 사람이 어울리다 보면 감정적으로 되는 것은 이상한 일이 아니에요. 선생님은 여러분 스스로가 그런 상황을 해결할 수 있는 능력을 갖추기를 바랍니다. 우리 학급이 그러한 능력을 갖기를 바랍니다.

싸웠던 친구들이 납득할 수 있는 해결 방법을 찾아내 보세요. 우리 반은 모두가 행복해야 하기 때문입니다."

저는 싸움이 일어났을 때 그것을 스스로 해결할 수 있는 집단을 육성하는 것이 교사의 일이라고 생각합니다.

가르칠 상대가 없어서
놀고 있을 때

이해하는 데
시간이 걸리는 친구가 있습니다.
어떻게 하면 좋을까요?

한 명만 과제 해결을 못 하고 그 외의 다른 학생들은 모두 과제를 해결한 상태가 되면, 가르칠 상대가 없어서 노는 학생이 생길 수 있습니다.

그 원인은 학생들이 손을 놓았기 때문입니다.

이럴 때는 이렇게 말해 주세요.

"오늘 공부하는 모습을 보니 한 사람만 과제를 달성하지 못했고 다른 사람들은 모두 과제를 해결했습니다. 그래서 가르칠 상대가 없으니 무료해서 견딜 수가 없는 것처럼 보였습니다. 왜 이런 일이 일어날까요?

학급에는 다양한 친구들이 있습니다. 선생님이 '자, 시작하세요'라고 말하면 바로 풀 수 있는 친구가 있고 그렇게 하지 못하는 친구도 있습니다. 한두 마디 알려 주면 바로 '아~ 그래!' 하며 이해하는 친구도 있습니다.

생각해 보세요. 먼저 과제를 푼 학생은 누구에게 가서 가르쳐 주었나요? 아마 한두 마디로 이해할 수 있는 친구겠지요. 쉽게 가르칠 수 있을 거라고 생각했을 테니까요. 하지만 이해하는 데 시간이 걸리는 친구도 있습니다. 자 어떻게 하면 좋을까요? 여러분 스스로 생각해 봅시다."

전원이 과제를 끝내고
놀고 있을 때

여러분이
정말로 이해하려면
스스로가 할 수 있는 것을
생각해 보세요.

그날의 과제를 열심히 해서 전원 과제 달성을 하고도 시간이 남았다면 어떻게 할까요? "멋지네요. 지금부터 쉬는 시간입니다"라고 말하고 싶은가요? 그래서는 안 됩니다. 그렇게 하면 대충 달성하는 학생이 생깁니다.

전원이 과제를 달성해서 놀고 있다면 이렇게 말해 주세요.

"선생님이 원하는 것은 여러분이 정말로 이해하는 것입니다. 그것은 선생님이 처음에 정해 준 시간까지 1분 1초도 예외가 없습니다. 여러분이 정말로 이해하려면 스스로가 할 수 있는 것을 생각해 보세요.

예를 들면, 서로 문제를 만들어 보는 것도 하나의 방법입니다. 친구의 공책을 한 번 더 살펴보고, 정말로 이해했는지를 다시 한 번 물어서 확인하는 것은 중요한 일입니다. 여러분 스스로 생각해서 행동하세요."

이렇게 이야기하면 몇 명의 학생이 아이디어를 내어 행동할 것입니다. 수업 끝날 때 그렇게 행동한 학생들을 칭찬합시다.

"선생님이 살펴보니, ○○가 ○○○라는 문제를 만들어 풀어 보게 했어요. 오늘 공부의 중요한 점을 이해하고 있기 때문에 만들 수 있는 문제입니다. 아주 잘했어요! 그리고 그 문제를 □□는 진지하게 풀었습니다. 멋있는 모습입니다.

또 ◇◇는 △△의 공책을 체크해 보고선 계산식이 충분하지 않다는 것을 발견했습니다. 그것을 △△에게 알려 주었더니 △△는 진지하게 ◇◇와 의논했습니다. 정말 잘했습니다!"

이렇게 하면 다음 시간부터 따라 하는 학생이 늘어납니다. 그리고 학생들은 스스로 방법을 발전시킬 것입니다. 교사는 그것을 알아차리고 다시 칭찬을 합니다.

날마다 조금씩 과제를 제시하지 말고 한꺼번에 과제를 제시해야 합니다. 그리고 모두가 과제를 끝내서 가르칠 상대가 없어지면, 다음 과제를 공부하는 것을 허용합니다. 그 학생은 다음 시간에는 가르칠 상대를 찾아 즉시 움직일 것입니다.

교사가 불안할 때

여러분이 잘하고 있는
모습을 보고
선생님은 용기를 낸답니다.
그것은 꼭 여러분의 행복으로
연결될 거예요.

학급에는 어른의 속마음을 정확하게 간파해 내는 학생이 4~5명은 있습니다. 이들이 서로 정보를 교환하면 아무리 감추려고 해도 그만 들켜 버리고 맙니다. 그렇기 때문에 솔직하게 말해야 합니다.

자신이 없으면 없다고 말합시다. 학생들은 당신이 자신 없더라도 당신의 소망은 진심이기 때문에 이해해 줄 것입니다.

"선생님은 우리 학급의 모두가 행복하게 1년을 지내기를 바랍니다. 그리고 여러분이 행복한 성인이 될 수 있도록 올 한 해 동안 여러 가지를 배우기를 간절히 바랍니다. 그래서 지금까지의 수업과는 다르게 함께 배움이라는 수업을 시작할 것입니다.

선생님도 함께 배움은 처음입니다. 선생님도 초등학교, 중학교, 고등학교를 다녔지만, 여러분이 지금까지 해 온 것과 같은 수업 방법으로만 공부해 왔어요. 그렇기 때문에 솔직히 조금 불안하기도 하답니다.

그런데 함께 배움 수업 중에 여러분의 멋진 모습을 많이 볼 수 있었습니다. 그 모습을 보고 여러분과 함께라면 정말 행복한 학급이 될 수 있다는 생각을 하게 되었습니다. 여러분의 모습을 보고 선생님은 용기를 얻습니다. 그것이 여러분의 행복으로 연결될 것입니다."

틀리게 풀고 있는
학생이 많을 때

어! ○○ 문제를
틀리게 풀고 있는
학생이 있네요.

함께 배움을 시작하고 조금 시간이 지났을 때 학급을 둘러보세요. 같은 실수를 하는 학생이 많을 경우가 있습니다. 그러면 교사는 잠시 학생들의 작업을 멈추게 하고 가르치고 싶은 마음이 들겠지요. 하지만 참아야 합니다.

함께 배움은 철두철미하게 시간을 아낍니다. 1분 1초도 낭비하지 않도록 강구합니다.

그런데 교사가 학급 전체 학생의 활동을 멈추게 한다고 생각해 봅시다. 그렇게 하면 확실히 오류가 해소되는 학생도 있겠지만 동시에 그렇지 않은 학생도 있습니다.

생각해 보세요. 과학 실험을 할 때 학생들을 교탁에 모이게 해서 실험상 주의할 점들을 설명합니다. 그것을 진지하게 듣고 있는 학생은 어느 정도일까요? 별로 많지 않을 것입니다. 그래서 실험이 진행될 때 "선생님, 어떻게 해야 할까요?"라고 물으러 오는 것입니다.

사람들은 자기 자신이 필요하다고 생각하지 않는 것은 듣지 않습니다. 즉, 오류가 생길 것 같은 어려운 문제의 기초가 되는 문제를 풀고 있는 학생에게 주의를 주어도 듣지 않습니다.

또 공부가 서툰 학생은 교사가 주의를 주어도 이해하지 못합니다. 이런 학생에게는 일대일로 설명을 해 주어야 하지만, 교사 혼자서는 가능하지 않습니다. 왜냐하면 이 정도 수준의 학생은 학급에 5, 6명 있고 한 학생이 이해하도록 설명하려면 5분 이상이 필요하기 때문입니다.

이처럼 일부 학생에게는 작업을 중지시키는 것이 오히려 시간 낭비가 됩니다. 그럼 어떻게 하면 좋을까요? 단순한 오류라면 좀 크게 혼잣말로 중얼거립니다.

"어! 6번 문제를 틀리게 풀고 있는 친구가 있네요. 이 문제는 그림을 그리라는 지시가 있는데, 그것을 읽지 않은 사람이 있네요."

이처럼 혼잣말로 중얼거리면 6번 문제까지 풀지 못한 학생들은 흘려 듣습니다. 즉, 시간 낭비를 하지 않습니다.

그런데 좀 복잡한 오류를 범하고 있으면 한마디로 지적할 수 없습니다. 이럴 때는 그 문제를 해결한 사람을 찾아내서 이 친구가 정답을 알고 있다고 모두에게 알려 줍니다.

"어! 6번 문제 틀린 사람이 많군요"라고 말하고선,

"오! ○○는 6번 문제를 제대로 해결했네"라고 합니다.

그리고 나서 "오~ △△도 정답이네"라고 말합니다.

6번 문제를 풀었던 학생은 정답을 알고 있는 학생에게 다가가 확인할 것입니다. 그리고 이해가 되지 않으면 설명을 들을 것입니다. 그 후 이렇게 말합니다.

"모두의 힘을 모아 전원 달성이라는 목표를 향해 가는 것은 중요합니다. 자신이 해결한 것이 맞는지 잘 모를 경우에는 적극적으로 학급 친구들에게 다가가 확인해 봅시다."

교사의 지시가 틀렸을 때

미안해요.
칠판에 있는 내용을 읽어 보세요.
이해가 되나요?
이해한 사람은 주위의 친구들에게
주의를 시켜 주세요.

학습지도요령에 따라 만든 과제를 제시한다면 절대로 전원이 틀리지 않을 것입니다. 학급에서 3할 정도의 학생은 학원, 통신교육, 가정교사 등에게 배우고 있기 때문에 성적 중위 또는 중하위에 맞춘 수업의 과제를 틀리게 풀지 않을 것입니다.

단 한 가지 경우에 틀릴 수 있습니다. 그것은 교사가 틀렸을 때입니다. 교사가 틀렸다는 것은 계산이나 글자를 잘못 쓴 것이 아닙니다. 그것은 학생들에게 요구할 것이 무엇인지를 확실하게 생각하지 않았을 때 발생합니다.

다음은 제가 실제로 본 장면입니다.

수학 교과서에는 문제 해결 방법을 두 명의 학생이 의논하고 있는 장면이 나옵니다. 그것을 어떤 선생님이 'ㅇ쪽 문제의 해결 방법을 모두가 이해할 수 있도록 설명을 쓰시오'라는 과제를 제시했습니다.

잠시 후, 그 선생님은 학생들의 응답을 확인하고 나서 저에게 "학생들이 모두 틀렸다"라고 말했습니다.

'무슨 일인가?'라는 생각이 들어 이야기를 들어 보니, 사실 그 선생님은 교과서에 있는 두 사람의 해결 방법을 각각 이해하기 쉽게 설명한 후, 두 사람과는 다른 해결 방법을 요구했다는 것입니다.

그런데 학생들은 교과서에 있는 두 사람의 해결 방법 중 이해하기 쉬운 한 사람의 해결 방법을 설명하고는 "해결했다"고 좋아한다는 것입니다.

이것은 선생님의 과제 제시가 잘못된 것입니다. 만일 이 선생님이 과제를 해결하도록 요구하려면 "○쪽 문제에 대한 두 사람의 해결 방법 각각을, 모두가 이해할 수 있도록 설명을 쓰시오. 그리고 두 사람의 방법과는 다른 해결 방법을 모두가 이해할 수 있도록 설명을 쓰시오"라고 해야 합니다.

함께 배움은 아주 단순합니다. 따라서 과제 자체는 이것저것 공들일 필요가 없습니다. 단지 핵심 부분이 어디인지를 파악해서 최대한 단순하게 합니다. 하이쿠(5·7·5의 17자로 된 짧은 시-옮긴이)나 단가短歌를 만드는 것과 같습니다.

함께 배움 초기 단계에서 교사는 학생들의 반응을 보고, 처음으로 자신의 과제가 불충분하다는 것을 알아차릴 때가 종종 있습니다.

교사가 틀렸을 경우에는 어떻게 대처하면 좋을까요?

앞에서 이야기한 것처럼 학생들의 작업을 중지시켜서는 안 됩니다.

칠판에 수정한 과제를 크게 쓰고 교사가 학생들에게 설명하려는 말을 써 주세요. 그리고 이렇게 말해 주세요.

"문제 2번에서 선생님의 과제가 잘못되었습니다. 미안해요. 칠판에 있는 내용을 읽어 보세요. 이해한 사람은 주위의 친구들에게 주의를 시켜 주세요. 전원 달성할 수 있도록 스스로 생각해서 행동해야 해요."

그리고 교사 자신의 공책에 어떤 지시가 중요한지, 다음번에는 어떤 과제로 하는 게 좋을지를 기록해 놓으세요.

전원 달성 직전에
시간이 종료되었을 때

5분만 더 달라고
요구할 수 없습니다.
지금 공부 시간에
그것을 배워 둡시다.

함께 배움을 시작하면 지금까지 자고 있던 학생이나 놀고 있던 학생이 공부에 참여하게 됩니다. '친구와 함께 공부하자!'는 권유가 학습 의욕을 환기시키기 때문입니다.

이런 학생이 조금만 더 시간이 있으면 과제를 달성할 수 있을 것 같을 때 교사는 어떤 말을 하면 좋을까요?

5분만 더 있으면 과제 달성이 가능할 것처럼 보이면 5분을 연장하고 싶겠지요. 하지만 그렇게 하면 함께 배우는 집단이 육성되지 않습니다. 정해진 시간대로 마쳐야 합니다.

"오늘은 여러분의 열기가 대단했습니다. 모두가 알고 있는 것이지만 5분만 더 있으면 전원 달성했을 것입니다. 안타깝습니다. 그런데 왜 시간 내에 달성하지 못했을까요? 그것을 생각해 봅시다.

종료 5분 전에 무엇인가를 시작했으면 좋았을까요? 그리고 무엇을 했어야 하나요? 학급 모두가 한 사람도 남김없이 생각해 봅시다. 여러분 모두, 한 사람도 예외 없이 가능한 것이 있을 거예요.

어른들 사회에서 시간은 중요합니다. 5분만 더 달라고 요구할 수 없습니다. 지금, 공부 시간에 그것을 배워 둡시다."

따돌림이 일어났을 때

만약 학급에서 따돌림을 허용하면
여러분 자신들에게도 손해입니다.

만일 학급에서 따돌림이 발견되었다면….

내가 맡은 학급에 따돌림이 있다는 것을 알고 나면 아마 충격적일 것입니다. 선생님 앞에서는 착하고 성실하던 학생이 따돌림을 시키거나, 선생님 앞에서는 싱글벙글하던 그 학생이 따돌림을 당하다니 믿을 수 없을지도 모르겠습니다.

그러면 '왜 그랬을까' 싶을 것입니다. 아마도 교사는 학생들에게서 그 원인을 찾을지도 모르지만, 그건 아닙니다.

혹시 당신이 거리를 걷고 있을 때 반대편에서 웃음이 절로 나오는 이상한 옷을 입을 사람이 걸어온다고 생각해 봅시다. 그 사람에게 다가가 놀리겠습니까? 대부분은 지나가면서 피식 웃겠지요.

혹시 이웃 학교에 내 맘대로 선생님이 있어서 그 학교의 선생님들이 휘둘린다고 생각해 봅시다. 화가 나서 그 학교를 찾아가 그 선생님에게 주의를 줄까요? 아닐 것입니다.

당신은 왜 놀리거나 주의를 주지 않을까요? 이유는 귀찮기 때문입니다. 그리고 그렇게 하면 반격을 당하기 때문입니다.

호모 사피엔스도, 다른 동물도 불필요한 공격은 하지 않습니다. 이익이 없고, 위험성을 동반하니까요. 따돌림을 당하는 학생이 어떤 특성이 있다고 해도 그것 때문에 따돌릴 필요는 없습니다. 그냥 상관하지 않으면 좋으니까요.

그렇다면 왜 따돌리는 것일까요?

혹시 이상한 복장을 한 학생이 당신 학급의 학생이라면, 내 맘대로 선생님이 당신의 동료라면 어떻겠습니까? 당황할 것입니다. 그리고 어떤 선을 넘는 단계가 되면 화를 낼 것입니다.

사람에게는 궁합이 있습니다. 궁합이 안 맞는 사람과 어울려야 하는 상황이라면 언젠가는 폭발하고 말 것입니다.

당신 학급의 모둠은 고정되어 있지 않습니까? 그리고 그 모둠에 공동 책임을 부여하고 있지 않습니까?

당신은 모두로부터 존경받는 교사입니다. 학생들은 당신에게 칭찬을 받는 것이 중요합니다.

그렇게 되면 학급의 모두는 경쟁자가 됩니다.

당신은 어떤 문제가 발생했을 때 확실하게 지도하는 유형의 교사인가요? 당신이 하는 말은 논리적이기 때문에 반론의 여지가 없습니다. 그리고 당신도 반론을 받아들이지 않습니다.

그런데 학생들에게는 '하지만…'이라는 기분이 있습니다. 이런 초조함은 누구에게 표출될까요? 학급에서 가장 약한 학생이 될 것입니다.

따돌림은 당사자뿐만 아니라 주위의 학생들도 그것을 묵인하고 있습니다. 즉, 학급 전원이 따돌림을 하고 있는 것입니다. 그 학급 전체에 영향력이 있는 사람은 누구일까요?

교사입니다.

엄연한 현실입니다. 이것을 인정합시다. 그리고 내 안에 있는 원인을 찾아봅시다.

틀림없이 상황은 다양할 것입니다. 그러한 상황을 학생들에게 사과하고, 따돌림을 허용하는 학급은 자신에게도 손해라는 것을 말씀해 주세요.

모두 함께 하면 무엇이든지 할 수 있다

'모두 함께 하면 무엇이든지 할 수 있다.'

이것은 학급 목표입니다. 함께 배움을 실천하고 있는 학교에서 '서로학습'을 실천하고 있는 학교로 자리를 옮겼습니다. 새로 간 학교는 시내이지만 비교적 한가하고 안락한 장소에 있습니다. 학생들도 순수하고 차분한 학교입니다. 연구부장 및 연수 담당 선생님과 이야기를 해 보니 '서로학습'은 함께 이야기하는 것이란 걸 알게 되었습니다.

학생들은 순수하기 때문에 선생님의 말을 잘 듣습니다. 지시도 잘 준수하므로 전년도에는 규칙을 잘 실행해서 규율이 선 학교생활을 보냈다고 합니다. 그래서 그런지 무엇을 할 때는 "선생님 ○○해도 좋은가요?" 또는 "○○해서는 안 된다"라는 이야기를 많이 들었습니다.

5학년 담임이 되고 나서, 우선 이론대로 함께 배움의 사고방식에 대해 이야기했습니다. '모두'가 중요하다는 것, '누구도 포기하지 않고, 방치하지 않는다'는 것을 중심으로 말했습니다.

"학교에서 하는 일 중엔 혼자서는 할 수 없는 것도 있습니다. 하지만 모두가 힘을 합치면 어떤 일이라도 할 수 있습니다. 함께 하면 어떤 것이라도 할 수 있다는 말이 인상에 남았는지 학급 목표를 만드는 시간에 새로 정한 슬로건은 '모두 함께 하면 무엇이든지 할 수 있다'였습니다.

'모두'를 의식하기 시작한 학생들은 조금씩 변해 갔습니다.

어느 날 아침 조회 시간에 교장선생님이 갑자기 각 학급마다 한 명씩 지명해서 '학급 목표를 말해 보세요'라고 했습니다. 대부분의 학급에서 대답하지 못했지만, 우리 반 A는 '모두 함께 하면 무엇이든지 할 수 있다'라고 바로 대답했습니다. 물론 교장선생님의 칭찬을 받았지요.

전년도까지 월요일은 식기 관리, 화요일은 우유, 수요일은 빗자루, 목요일은 걸레 등과 같이 급식 당번과 청소 당번의 분담표가 있었습니다. 표가 있는 게 편리해서 처음에는 그룹별로 표를 만들어 활동했습니다.

그런데 결석이나 아픈 사람이 생기면 순서가 어긋나서 이것을 정리하기가 힘들었습니다. 그래서 점차 표를 사용하지 않고 활동 처음에 모두가 의논해서 시작하게 되었습니다.

5학년은 매년 숲 속 캠프를 갑니다. 이를 위한 사전 준비로 많은 수업 결손이 생깁니다. 그해에는 모둠과 담당이 바로 정해져서 활동 내용이나 계획 작성에 거의 시간이 걸리지 않아 수업 결손이 없었습니다.

매년 야외 급식의 뒷정리를 할 때면 냄비에 붙은 그을음이나 밥알을 깨끗이 씻어서 직원에게 오케이 사인을 받기까지 몇 번이나 다시 했다고 합니다.

그런데 그때는 학생들 모두가 서로의 냄비나 용구를 확인하면서 작업을 해서, 전원이 한 번에 통과되었습니다. 덕분에 그 후의 일정도 한 시간 당겨 진행되어 학교에 일찍 도착할 수 있었습니다.

6학년 환송회를 기획하고 진행하는 일은 5학년이 맡습니다. 준비 중에 어떤 학생이 "선생님 시나리오는 언제 주세요?"라고 물었습니다. 선생님은 이렇게 대답했죠.

"어? 시나리오는 없어요."

"그럼 어떻게 사회를 봐요?"

"6학년 선배를 위해서 모두 열심히 부탁해요!"

"그냥 해도 좋다고요?"

"그럼요. 그럼."

"그러면 우리들이 정해도 되는 거죠?"

"그래요."

"함께 하면 정말 좋아요! 우리들이 무엇인가를 만들어 낸다는 기분이 들어요!"

3월의 어느 하루. 각 교과 마지막 단원을 시작했습니다(일본은 4월부터 새 학년이 시작됨-옮긴이).

"5학년도 이제 얼마 남지 않았네"라고 이야기하자, 평소에는 과묵했던 학생이 갑자기 "지금까지 선생님이 최고의 선생님이었어요"라고 중얼거렸습니다.

"어째서?"

"저희들에게 많은 시간을 주셔서요."

"어떤 시간?"

"함께 이야기하고, 함께 생각하고, 함께 만들 수 있는 시간이요."

"그랬구나."

_군마 현•초등학교 다케이 요시유키

도전을 즐기자!

'나는 어떤 교사가 되어야 하나?'

'학생들에게 학교는 어떤 곳이 되어야 할까?'

이런 것을 생각하게 된 것이 함께 배움입니다. 함께 배움과의 만남 이후 날마다 수업이 정말 즐겁습니다.

수업의 다양한 장면에서 잘 쓰는 말은 "도전을 즐기자!"입니다. 그리고 "그래요. 열심히 하면 공부도 게임과 다르지 않죠?"입니다.

함께 배움에서는 한 사람도 포기하지 않는다는 것을 가장 중요하게 생각합니다. 때문에 '모두가 이해하게', '모두가 할 수 있게'라는 것을 학생들에게 요구합니다.

그런데 교사의 생각이 너무 강해서 그것을 강제하거나, 생각한 만큼 잘 이루어지지 않을 때 교사가 초조해져서 학생들을 차갑게 대하면 즐거운 배움이 이루어지지 않습니다. 교사가 중심을 잡고 학생들 앞에 서서 한 사람도 포기하지 말 것을 요구하고, 계속 응원하면 과제 달성이 즐겁다는 것을 학생들도 실감할 것입니다. 그렇게 되기까지 참고 기다려야 합니다.

"이 과제를 모두가 달성할 수 있도록 도전을 즐기자!"라고 계속 말해야 한다는 걸 명심하고 있습니다.

언제나 원하는 대로 전원이 달성할 수 있는 것은 아닙니다. 하지만 달성하지 못했을 때, "이번에는 순조롭지 않았네요. 어떻게 해야 했을까요? 좋아요. 다음 시간에 다시 도전합시다!"라고 학생들을 격려하면 더 잘되었던 생각이 납니다.

함께 배움의 도전 목표는 한 사람도 포기하지 않는 것이므로 국어도, 사회도, 체육도, 행사에서도 계속 도전해 실패하더라도 다시 도전할 수 있습니다. 활동 내용이 달라져도 도전할 수 있는 즐거움이 함께 배움의 이점입니다.

6월부터 시작된 수영 학습. 9월에는 개인 목표뿐만 아니라 학급 목표를 점검하기 위한 중요한 행사인 교내 수영대회가 열립니다. 그때까지 연습을 함께 배움으로 했습니다. 이 교내 수영대회에서는 한 사람 한 사람이 자신의 목표를 향해 도전해서 성취감을 느낄 뿐만 아니라 자신을 격려해 주었던 많은 친구들을 생각하기도 목적으로 합니다. 또 친구의 목표를 자신의 목표라고 여기면서 응원하는 집단으로 성장한다는 목적도 있습니다.

다음은 학생들의 되돌아보기입니다.

수영대회에서 좋았던 것은 많은 친구가 목표를 달성한 것이다. A는 25미터를 수영했고, B는 크롤로 25미터를 완주했다. 내가 다른 친구들에게 도움이 되어서 기뻤다. 그리고 모두가 목표를 달성해서 좋았다.

오늘 평영에서는 평소보다 더 좋은 실력을 보였지만, 계영에서는 초조해서인지 연습 때보다 늦어졌다. 하지만 팀원 전부가 최선을 다한 덕분에 1등이 되었다. 이것으로 초등학교에서의 수영대회는 마지막이라고 생각하니 쓸쓸했지만, 중학교에서도 노력하고 싶다. 다음에도 힘내자!! (S학생)

수영 학습을 해서 좋았던 것은 작년보다 속도가 빨라진 점입니다. 그리고 모두가 헤엄칠 수 있게 되어 25미터나 헤엄쳐 갈 수 있었습니다. 이런 내 모습을 생각하니 기쁩니다. 재미있었던 것은 수영을 못하는 친구들에게 조언을 해 준 것입니다. 이제 모두가 수영을 잘할 수 있기 때문에 지금부터는 얼마나 멀리까지 가는 것이 승부입니다. 오늘 수영대회는 모두가 즐거워서 좋았습니다. (K학생)

각자가 자신의 목표 달성을 향해서 서로 도와주면서 연습한 성과는 수영 학습에서 끝나지 않았습니다. 그다음 행사와 교과 학습에 연결되었습니다.

잘 안되었을 때는 다음 기회에 재도전할 수 있습니다. 그것도 혼자만의 도전이 아닙니다. 모두 함께 몇 번이라도 도전의 즐거움을 맛볼 수 있습니다.

최선을 다한 도전을 즐길 수 있으면 공부도 게임처럼 재미가 있습니다.

오늘 어려웠던 것은 수학이었습니다. 직육면체와 정육면체의 의미를 배웠습니다. 집에서 조금 예습을 했지만 모르는 것은 친구에게 배웠습니다. '수학이 이렇게 재미있구나!'라는 생각이 들었습니다. 국어도 재미있었습니다. (N학생)

_미야기 현•초등학교 모토카와 라

[함께 배움의 모습]

2장

최초의 3개월

최초의 3개월

조마조마한 시기는 일주일에서 1개월 정도 계속됩니다. 함께 배움을 시작하면 교사는 여러 가지를 보게 되고 깜짝 놀랄 만한 발견도 할 것입니다.

지금까지의 수업에서는 수업 시작 후 5분 정도 지나면 수업에 참여하지 않고 잠을 자던 학생이 공부에 계속 참여합니다. 또 지금까지는 걱정되었던 ADHD 경향의 학생을 더 이상 염려하지 않아도 됩니다. 학생 한 사람 한 사람을 찬찬히 살펴보게 됩니다. 화만 내지 않고 칭찬도 많이 하게 됩니다.

걱정되는 점도 있습니다. 함께 배움에서 학생들은 자유롭게 움직입니다. 그래서 문제를 일으키고 그것이 잘 보입니다.

지금까지는 보이지 않았던 학급의 '그늘'이 보입니다. 힘들겠지만 버텨 내야 합니다. 학급의 그늘은 함께 배움 때문에 생긴 것이 아니고 원래부터 있던 것입니다. 함께 배움으로 인해 그것이 보인 것입니다. 보이기 때문에 해결할 수 있습니다.

그 그늘에서 눈을 돌리면 조금은 편해질지 모르지만 그늘 속에서 괴로워하는 학생은 변함이 없습니다. 교사의 눈이 닿지 않는 곳에서 고통을 받게 됩니다.

해결합시다. 걱정하지 마세요. 학생들이라면 그것을 해결할 수 있습니다. 학생들 모두가 바로 해결하려고 들지는 않겠지만, 먼저 학생들의 얼굴을 떠올려 보세요.

마음이 강한 학생이 학급에 2할은 있습니다. 그 학생들과 시작합시다. 대부분의 학생이 정도의 차이는 있지만 바로 해결되는 방향으로 움직일 것입니다. 학생들은 선생님을 확실하게 뒷받침할 것입니다.

평가 결과가 좋지 않을 때

평가 점수는 학급의 성적입니다.
최고의 학급이 되기 위해
무엇을 해야 하는지를 생각합시다.

함께 배움을 하면 평가 점수가 올라갑니다. 지금까지 성적이 낮았던 학생도 학습에 참여하기 때문입니다. 점수 향상의 잠재력이 큰 학생이 수업에 참여하게 되면, 학급 전체의 성적은 올라갑니다.

역으로 평가 점수가 올라가지 않으면, 그것은 주로 교사에게 원인이 있습니다. 교사가 학생들의 인간관계 향상에만 만족해서 평가 점수를 요구하지 않기 때문입니다. 이것은 본말이 전도된 것입니다.

학생들은 매일의 과제에서 전원 달성을 목표로 합니다. 만약 그것이 평가 점수 향상으로 나타나지 않을 때에는 평가 점수의 의미를 말해 주세요.

"평가 결과를 나눠 주겠습니다. 자, 받으세요. 자기 자신의 결과뿐만 아니라 주위 친구들이 어느 정도 달성했는지를 살펴보세요.

이번 시험에서는 2번 문제를 틀린 사람이 많았습니다. 2번을 알아맞힌 사람은 손을 들어 보세요. 대단하네요. 자, 일어나세요.

이제 2번 문제를 잘 살펴보세요. 이 문제는 지난주 화요일에 함께 배움에서 풀었던 것과 비슷하죠? 적어도 그날 문제를 정말로 이해했으면 풀 수 있는 문제입니다. 생각해 보세요. 그날 전원이 달성했습니다. 그런데 지금 이만큼의 친구만 서 있습니다.

서 있는 사람은 주위를 둘러보세요. 여러분은 그날 과제를 정말로 이해한 사람들입니다. 그런데 어째서 앉아 있는 사람이 이렇게 많죠?

앉아 있는 사람은 서 있는 사람을 보세요. 우리 반에는 제대로 이해한 사람이 이 정도 있습니다. 그런데 여러분은 지난 화요일에 이해한 척했습니다. 무엇이 부족했던 것일까요?

서 있는 사람은 앉아도 좋습니다.

2번 문제를 이해하지 못한 것은 유감이지만, 그것 이상으로 유감인 것은 자신은 이해했지만, 주위의 친구가 이해한 척하는 것을 그대로 둔 것입니다.

그리고 자기 자신이 이해한 척한 상태라도 괜찮다고 여기는 것입니다.

이것은 친구를 포기하고, 자신을 포기해 버린 것은 아닐까요? 학급의 점수는 한 사람 한 사람의 점수입니다. 선생님은 그것을 기초로 성적을 계산합니다. 그런데 학급 점수의 분포는 학급 성적을 나타냅니다.

친구를 대수롭지 않게 포기하는 학급은 평가 점수가 좋은 사람과 나쁜 사람의 차이가 크게 벌어집니다. 그리고 '뭐 그 정도 이해하면 되겠지'라고 생각하는 사람이 많은 학급은 평균 점수가 내려갑니다.

여러분이 진심으로 모두가 이해하는 것을 목표로 한다면, 점수가 낮은 사람은 없어지고 모두 만점에 가까운 점수를 얻을 것입니다. 그 이유를 이해하겠지요? 그런 학급은 공부뿐만 아니라 모두가 행복하게 지내는 학급입니다.

그렇게 공부하면서 일 년을 지내면 어른이 되더라도 계속 교류를 하게 되고, 힘든 일이 생겼을 때 상담하여 도와주는 친구가 되는 것입니다.

한 번 더 이야기하겠습니다. 평가 점수는 학급의 성적입니다. 최고의 학급이 되기 위해서 무엇을 해야 하는지 생각해 봅시다."

학생들에게 이야기하면서 교사 스스로에게도 들려주세요. 학생들에게 평가 점수를 요구하는 것은 부끄러운 게 아니라 정당한 것이라고.

함께 배움의 필요성을
다시 말해야 할 때

평상시에 대화를 하지 않던
사람들과도 대화해서
도와주는 것이 중요합니다.

함께 배움은 매우 간단합니다.

원래 보통 학급이라면 8할의 학생은 누군가와 연결되어 있습니다. 즉, 학생들에게 맡긴다는 것은 수업 중에 쉬는 시간의 모습이 나타난다는 것입니다.

그런데 함께 배움에서 요구하는 '한 사람도 포기하지 않는다'는 것을 철저히 실천하려면 극복해야 하는 것도 있습니다.

최초의 일주일을 넘기면서부터 지금까지는 대화를 하지 않았던 학급 친구와 이야기하게 됩니다. 그리고 속으로는 상대하고 싶지 않은 친구와도 상대할 필요성이 생깁니다.

이럴 경우 그 친구와 교류하는 것이 자신에게도 이익이 된다는 것을 학생들에게 납득시켜야 합니다.

모든 학생이 납득할 필요는 없지만 함께 배움을 리드하는 2할의 학생들은 납득해야 합니다.

그러므로 교사는 다음과 같이 함께 배움의 필요성을 말해야 합니다.

"여러분은 꿈이 있습니까? 그 꿈을 이룬 어른이 되려면 어떤 능력이 필요할까요?

그것은 어려운 수학 문제를 푸는 능력도 아니고 영어를 유창하게 말하는 능력도 아닙니다. 가장 중요한 것은 다른 사람의 힘을 빌릴 수 있는 능력입니다.

예를 들어, 당신이 수학 문제를 풀 수 없지만 꼭 해결해야 할 때는 그 문제를 아는 사람이 풀어 주면 됩니다. 당신이 영어를 말하지 못해도 됩니다. 영어를 유창하게 하는 사람이 도와주면 됩니다. 어떤 사람이라도 모든 것을 잘할 수는 없습니다. 여러 분야의 잘하는 사람들로부터 도움을 받을 수 있는 사람이 되면 됩니다.

사회에 진출해서 어떤 일을 맡았다고 생각해 봅시다. 매우 어려운 일일 때, 어떻게 하면 좋을까요?

가까운 사람에게 부탁해서 도움을 받을 수 있습니다. 그런데 언제나 대화를 나누는 친한 사람의 경우, 당신이 알고 있는 것은 그 사람도 알고 있을 가능성이 높습니다. 거꾸로 당신이 잘 모르는 일의 해결 방법은 그 사람도 모를 가능성이 높습니다. 자주 대화하는 사람은 같은 지식을 공유하기 마련이니까요. 이럴 때에는 평상시에는 자주 대화를 하지 않던 사람에게 부탁할 수 있는지가 중요합니다.

어른이 되면 고민할 것이 많습니다. 좀처럼 해결하기 어려운 고민이 생겼을 때 필요한 것은 고민을 들어줄 동료입니다. 문제 해결 방법을 몰라도 가만히 들어주는 것만으로도 마음이 편안해집니다.

어른이 되었을 때의 행복과 불행은 모두 사람과의 만남에 의해 결정됩니다. 중요한 것은 다양한 사람과의 연결입니다. 이것은 언제 배우는 게 좋을까요.

바로 '지금 그리고 학교'입니다. 이것이 함께 배움입니다.

친구에게 무엇을 가르쳐 준다고 으스대서도 안 되고, 어떤 걸 모른다고 비굴해져서도 안 됩니다.

이제 교실에서의 여러분 자신의 모습을 교실에 있는 모두가 보고 있습니다. 여러분의 모습에 따라 진정한 동료를 얻을 수 있는지가 정해집니다.

함께 배움에서 매일매일 성실하게 사는 법을 배워 나가세요."

전원 달성을
포기하려고 할 때

전원 달성은 어렵습니다.
하지만 포기하지 않는 학급은
전원 달성을 할 수 있습니다.

'가르치면서 배운다'는 말이 있습니다.

전체적인 이해득실을 따진다면 가르치는 쪽이 손해라고 생각하는 선생님도 있을 텐데, 그것은 '과제를 이해한다'는 차원에 머무르기 때문입니다.

모두가 재미있게 왁자지껄 서로에게 배워서 성적이 오르면 교사는 행복합니다. 하지만 가르치는 것이 힘든 학생, 폭언과 폭력을 반복하는 학생이 있는 경우 전원 달성을 요구하는 것이 고통스러워집니다.

이렇게 되면 아무래도 전원 달성을 포기하게 될 가능성이 높습니다. 그렇지만 아무리 힘들어도 한 사람도 포기해서는 안 됩니다. 이 사실을 학생들에게 강하게 호소합시다.

"선생님은 여러분이 무척 대견스럽습니다. 전원 달성은 힘든 일입니다. 몇 번이나 거듭해서 노력했지만 되지 않았습니다. 여러분 중에 혹시 '무리가 아닐까' 생각하는 사람도 있겠지만, 그렇더라도 선생님은 전원 달성을 계속 요구할 겁니다. 왜일까요?

만약 선생님이 '한 사람 정도는 안 돼도 좋아'라고 말한다면 어떻게 될까요? 아마 금방 '두 사람이 안 돼도 좋다'는 말을 해야 할 것입니다. 마침내 '세 사람이 안 돼도 좋다'는 말을 하게 될 테고요.

자, 여러분은 이런 학급에서 공부하기를 원하나요? 그건 싫죠? 선생님도 싫습니다.

앞에서 말한 것처럼 전원 달성은 어렵습니다. 하지만 포기하지 않는 학급은 전원 달성을 할 수 있습니다. 이미 우리 학급은 포기하지 않는 학급입니다. 포기하지 맙시다! 여러분을 보고 있으면 선생님은 전원 달성이 가능하다는 생각이 듭니다."

고교 야구 감독이라면 어떤 학교라도 고시엔(일본 고교 야구 전국대회-옮긴이)에 진출하는 것을 목표로 합니다. '지역선발대회에서 두 번만 이기자'라고 말하는 것만으로는 멋진 팀이 될 수 없습니다.

냉정히 생각해 볼까요. 다소 무모하더라도 목표는 높게 세워야 합니다. 그 도전정신을 유지하기 위해선 어떻게 말해야 할까요.

그것이 함께 배움에서 교사의 말하기입니다.

어떤 학급에 지적 장애가 있는 학생이 있었습니다. 아무리 해도 전원 달성이 어려웠지만 그 학급의 담임은 계속 전원 달성을 요구했습니다.

어느 날 학급 학생 전원이 모여서 선생님과 교섭을 하기 시작했습니다.

학생들은 "선생님은 전원이 평가에서 80점 이상을 받으라고 하시지만 ○○는 어렵습니다. 그래도 ○○는 열심히 하고 있어요. 그러니까 ○○는 우선 목표를 50점으로 해 주세요"라고 요구했습니다.

담임선생님은 "그것이 여러분 모두의 의견인가요?"라고 묻자 ○○를 포함해서 모두가 고개를 끄덕였습니다.

"그렇다면 좋습니다. 전원 달성을 합시다."

저는 이 이야기를 듣고 정말 기뻤습니다.

교사가 '○○는 50점을 목표로 하자'고 말하지 않고 학생들 모두가 스스로 생각해서 제안한 것이 좋았습니다. 교사가 제안하면 함께 배움은 어긋나게 됩니다.

함께 배움에서는 평가 점수를 고집하지만 평가 점수가 중요한 것은 아닙니다. 평가 점수는 학급의 태도를 나타냅니다. 점수를 보고 학급이 성장할 것을 계속 요구하는 것이 중요합니다.

학습 결손이 누적된
학생이 있을 때

여러분에게 다음 시간에 무엇을
공부할 것인지를 알려 주었습니다.
선생님은 예습해서는 안 된다는
말은 하지 않았습니다.

함께 배움에서도 숙제를 내줍니까?"

이런 질문을 받곤 하는데, 함께 배움에서는 기본적으로 숙제를 내주지 않습니다. 숙제는 그것을 끝내면 그만이니까요.

함께 배움에서의 숙제는 언제나 '수업에서 전원 달성을 하는 것'입니다. 그것을 완수하기 전까지는 끝이 없습니다. 보호자가 숙제를 내달라고 요청하면 그렇게 하는 경우도 있지만, 진정한 숙제는 전원 달성임을 강조합니다.

수년 전부터 공부를 포기한 학생이 있을 경우, 그 학생이 이해하려면 여러 가지 기본적인 지식을 설명해야 할 것입니다. 즉, 시간이 걸립니다.

이것을 해결하기 위해선 교사가 "자, 시작하세요"라고 말하는 순간부터 가르쳐서는 안 됩니다.

"최근 여러분은 학급의 모두가 이해하기 위해서 가르치는 사람이나 배우는 사람이나 모두 열심히 하고 있습니다. 멋집니다.

그런데도 좀처럼 전원 달성을 하지 못했습니다. 왜일까요? 사람은 잘하는 것과 못하는 것이 있습니다. 선생님도 못하는 것이 있습니다. 이것은 어쩔 수 없지만, 자신이 잘하지 못하더라도 다른 사람에게 배울 수 있으면 됩니다. 또 잘하는 사람은 다른 사람을 가르칠 수 있는 능력이 있으면 더욱 좋지요. 이 얘기는 앞에서도 몇 번이나 했었지요.

그렇지만 못하는 친구에게 설명하기 위해서는 시간이 걸립니다. 그건 당연한데, 어떻게 설명 시간을 확보하면 좋을까요.

여러분, 다음 시간에 무엇을 공부할 것인지 알려 주었죠? 선생님은 예습하면 안 된다고 말하지 않았어요. 그렇지요?"

빙긋 웃는 선생님의 말을 듣고 나면, 예습하는 학생이 생깁니다. 여러분 학급에서도 두세 명의 학생들이 떠오르지 않습니까? 이 학생들이 예습을 해 와서 '자, 시작하세요'라고 말하자마자 친구를 가르칠 겁니다. 이 학생들을 칭찬해 주세요. 단, 모두를 위해서라고 강조합시다.

"오늘 훌륭한 모습을 발견했습니다. 선생님이 '시작하세요'라고 말하자마자 가르치는 친구가 있었습니다. 깜짝 놀라서 다가가 살펴보니 예습을 해 왔어요.

선생님이 훌륭하다고 생각한 것은, 이 친구가 자신이 알기 위해 공부한 것이 아니라는 점이에요. 이 친구는 우리 학급 모두가 달성하게 하려고 예습을 한 것입니다. 자기 자신만 알기 위해서라면 예습할 필요가 없는 친구니까요.

그리고 배우는 친구도 대단했어요. 처음부터 마지막까지 진지하게 공부했습니다. 이런 모습도 학급의 모두가 전원 달성하기를 원하기 때문이지요."

그다음부터는 따라 하는 학생이 나타나기를 기다립니다.

실전 사례 중에 7할의 학생이 예습해 온 학급이 있었습니다. 결과적으로 가정에 모여서 공부하는 일도 있었습니다.

공부를 잘하는 학생이 밤늦도록 공부를 했습니다. 부모님이 그만 자라고 하시니까, 이 학생은 의연하게 이렇게 말했다고 합니다.

"제가 100점을 맞고 싶어서 공부하는 것이 아니에요. 우리 반 ○○가 아직 7단을 못 외워요. 그런데 내일 7단을 모르면 해결할 수 없는 문제가 있어요. 그래서 어떻게 가르치면 좋을지를 예습하고 있어요."

함께 배움에 반대하는
학생이 있을 때
_성실한 학생

학급의 모두가 정말로
이해했다고 생각하는 수업을
하기 위해서는 무엇이 필요한지
모두 생각해서 행동합시다.

학급에서 함께 배움을 실시하면, 많은 학생들이 즉시 지지할 것입니다. 혈기 왕성한 학생이 수업 내용에 대한 이해를 떠나서 한 시간 동안이나 가만히 움직이지 않고 있는 것은 고통입니다. 그래서 자유롭게 움직이고 이야기도 할 수 있는 함께 배움을 환영하는 것입니다.

일본의 학교에서는 어떤 수업이라도 성적 중위 또는 중하위에 맞추어 실시합니다. 그렇기 때문에 이해하지 못하는 학생이 알고 싶어 하는 것들을 다른 친구들이 가르칠 수 있습니다. 함께 배움을 하면 많은 대화를 할 수 있기 때문에 지금까지보다는 더 잘 이해하게 됩니다.

함께 배움을 하고 있는 학급에서는 정기적으로 무기명 설문조사를 실시해 보세요. 이때 '함께 배움에 찬성하는가'도 조사합니다.

대부분이 찬성하지만 일부 학생은 보통 수업이 더 좋다고 응답하기도 합니다.

함께 배움에 반대하는 학생은 대체로 세 가지 유형이 있습니다.

첫 번째는 성실한 학생입니다.

이 학생은 조용히 앉아서 교사가 칠판에 쓴 것을 공책에 옮기는 것을 공부라고 생각해 왔기 때문에 함께 배움은 공부가 아니라고 생각합니다. 그 학생의 부모님도 같은 생각일 경우가 많고, 때로는 항의로 이어지기도 합니다.

그것을 기회로 삼을지는 선생님이 하기 나름입니다. 함께 배움의 핵심은 한 사람도 포기하지 않는다는 것이기 때문에 소수 의견도 무시하지 않는다는 점을 확실히 학생에게 설명합니다.

"일전에 설문조사를 했습니다. 함께 배움이 싫다는 학생이 한 사람 있었습니다. 공부하는 내용이 이해가 되지 않는다는 게 이유였습니다.

자, 그럼 어떻게 하면 좋을까요?

한 사람이니까 어쩔 수 없다고 넘어가선 안 됩니다. 함께 배움은 한 사람도 포기하지 않는 것이 핵심이니까요.

여러분은 대부분 함께 배움을 하면 이해가 더 잘된다는 것을 실감할 것입니다. 무엇보다도 '어?' 하고 의문이 들 때 친구에게 물어볼 수 있기 때문이지요.

또 설명을 하다 보면 자기 자신도 더 확실하게 이해할 수 있습니다. 그렇습니다. 정말로 이해하는 데 필요한 것은 수많은 대화입니다.

그럼 한 사람이 그렇게 생각하지 않는 것은 왜일까요? 확실히 학급 전원이 무엇인가 부족하기 때문입니다.

학급의 모두가 정말로 이해하는 수업을 하려면 무엇이 필요할까요? 우리 모두 생각해서 행동합시다."

그런데 가장 힘든 것은 학생의 부모님이 교사인 경우입니다. 함께 배움을 인정하는 것은 자기 자신을 부정하는 것이라고 여기면서 감정적으로 반응합니다. 이런 분에게는 아무리 설명하더라도 이해받기 쉽지 않을 것입니다.

이럴 때는 학급의 성적은 결코 내려가지 않는다는 것을, 오히려 향상된다는 것을 보여 주세요.

그래도 납득하기 어렵겠지만 우직하게 반복해서 설명하면 조금은 받아들일 것입니다.

참고 계속하는 것이 중요합니다.

함께 배움에 반대하는
학생이 있을 때
_순수하고 성적이 좋은 학생

"지금 바쁘기 때문에 미안해"라고
말하는 것은
나쁜 것이 아닙니다.

함께 배움에 반대하는 두 번째 유형은 순수하고 성적이 좋은 학생입니다. 함께 배움이 시작되면 지금까지 관리를 하더라도 어쩔 수 없었던 학생 곁으로 순수한 학생이 다가가 가르쳐 줍니다. 따뜻하게 대해 줍니다. 진정시켜 줍니다.

교사로서는 매우 고마운 존재입니다. 그리고 어느 순간부터 교사의 시선과 몸짓은 '너를 믿는다'는 신호를 보냅니다.

순수한 학생은 교사의 기대에 부응합니다. 하지만 한 달이 지나면, 이 학생은 '선생님이 편하기 위해서 함께 배움을 하고 있는 게 아닐까? 왜 나 혼자만 가르치고 있는 걸까? 내 공부도 할 수 없게 말이야'라고 생각하게 됩니다.

문제는 교사가 특정 학생에게 기대한 나머지 부담이 그 학생에게만 집중된다는 것입니다. 혹시 이런 고민을 하는 학생이 나온다면 다음과 같이 말합니다.

"설문조사에는 '나 혼자만 가르치고 있기 때문에 나는 공부를 할 수가 없다. 그래서 함께 배움이 싫다'고 쓴 사람이 있습니다.

이것은 큰 문제입니다. 다시 생각해 봅시다.

함께 배움의 목표는 학급 전원이 행복해지며 이해할 수 있는 수업입니다. 학급 전원에는 당연히 가르치는 학생 본인도 포함되어 있습니다.

그러므로 자신이 공부하고 있을 때는 가르쳐 달라는 부탁을 받더라도 '지금은 나도 공부해야 해. 미안해'라고 말하는 것은 나쁜 게 아닙니다. 이 학생은 지금 스스로 과제를 이해하기 위해서 필사적이기 때문입니다.

거절당한 학생은 어떻게 하면 좋을까요? 그리고 다른 학생들은 어떻게 해야 할까요?

다른 친구에게 가르쳐 달라고 말하면 됩니다.

그리고 그 친구는 '아, 내가 가르쳐 줄게'라고 말하면 좋습니다.

함께 배움은 모두가 행복해지고, 이해하기 위해서 학급 구성원 모두가 할 수 있는 것을 하는 수업입니다. 공부 중인 과목을 잘하지 못하는 학생도 포함해서 전원이 달성하는 것입니다.

다른 사람의 설명을 알아듣는 것은 오묘합니다. 그 과목을 잘하는 사람이 반드시 상대방이 이해하기 쉽도록 설명한다고 단정적으로 말할 수는 없습니다.

생각해 보세요. 선생님은 이 교실에서 제일 잘 알고 있는 사람일 겁니다. 그렇다고 선생님의 설명이 가장 이해하기 쉬운가요?

이제는 그렇지 않다는 것을 모두 알고 있네요. 또 다른 사람의 질문이 매우 도움이 된다는 것도 알고 있지요.

다시 한 번 강조하겠습니다. 함께 배움은 모두가 행복해지고 이해하기 위해서 모두가 할 수 있는 것을 하는 수업입니다."

함께 배움은 결코 교사가 편하기 위해서 하는 수업이 아닙니다. 그

렇기 때문에 함께 배움이 특정한 친구에게 부담이 되지 않도록 교사가
학생들 모두와 함께 행동하는 것입니다.

함께 배움에 반대하는
학생이 있을 때
_아스퍼거 학생

(보호자에게)
저는 여러 가지 문제를
의도적으로 만들어서
지금 단계에서 학생들이
극복하게 하고 싶습니다.

함께 배움에 반대하는 세 번째 유형은 아스퍼거 학생입니다. 학급에는 여러 가지 장애를 지닌 학생들이 있습니다. 이럴 때에도 한 사람도 포기하지 않는 정신이 스며들면 주변의 친구들이 아무렇지 않은 듯 지원해 줍니다.

특수교육이 필요한 학생에게 필요한 지원은 실은 대부분 간단한 것입니다. 예를 들어 '음~ 여기에 쓰면 좋아' 또는 '내가 도와줄게'로 해결할 수 있습니다.

이런 지원을 통해 장애를 극복해 나갈 수 있고, 만약 극복하기 힘들더라도 눈에 띄지 않게 됩니다.

ADHD 학생은 함께 배움을 시작한 첫날부터 격변합니다. 무엇보다 학급 내 모두가 수업 중에 돌아다니기 때문에 눈에 띄지 않습니다. 지적을 받지 않습니다. 그래서 초조해하지 않습니다.

특수교육이 필요한 학생에게 중요한 것은 수많은 대화입니다. 그리고 보조 선생님이 딱 붙어 있는 것보다는 '당신은 특별한 지원이 필요한 학생'이라는 딱지가 붙는 것을 방지하는 것이 중요합니다. 이런 면에서 함께 배움은 극적인 효과가 있습니다.

그런데 아스퍼거 학생은 다릅니다. 함께 배움은 어울리면서 문제를 해결하는데, 이 학생들 중에는 어울리면 어울릴수록 다른 사람을 불쾌하게 하는 언동을 하는 학생이 있습니다. 때문에 주위의 친구들이 이 학생과 어울리는 것을 싫어합니다.

이런 상황은 착한 학생 몇 명이 말을 거는 정도로는 해결되지 못합니다. 학급 모두가 여러 가지 형태로 그 학생과 교류해야 합니다. 이 학생의 대인 기능이 개선되기 전에 친구들이 이 학생을 대하는 방법을 배워야 합니다.

어떤 학급에서 있었던 일입니다. 이 학급의 아스퍼거 학생이 감정이 폭발해서 교실을 뛰쳐나갔습니다. 선생님이 따라가려고 하자 학생들이 "선생님은 가지 마세요. 저희들이 갈게요"라고 말했습니다.

학생들 말을 들어 보면 이 학생은 감정이 폭발하면 무슨 말을 해도 듣지 않는데, 시간이 조금 지나면 말을 듣는다고 합니다.

교실과 복도를 살펴보니 그 학생이 복도 끝에서 깜박깜박 쳐다보고 있었습니다. 몇 분 후 세 명의 여학생이 데리러 갔습니다. 이 학생은 싫은 표정을 했지만 순순히 교실로 되돌아왔습니다.

이 학생을 다루는 방법을 학급 친구들이 이해하면, 이 학생은 더 많은 시간을 친구들과 어울릴 수 있습니다. 그래도 수없이 실패할 것입니다. 그런 과정 속에서 이렇게 하면 되고 저렇게 하면 안 된다는 사례들이 모아집니다. 결과적으로 이 학생과 어울릴 수 있는 학생이 될 수 있습니다.

이런 관계를 형성하는 데 일 년은 걸립니다. 묵묵히 차분하게 쌓아 나가야 합니다. 그렇기 때문에 중요한 것은 보호자의 이해입니다.

아스퍼거 학생은 지금까지는 쉬는 시간에만 혼자였습니다. 그리고 수업 중에는 고독을 느끼지 못했을 것입니다.

그런데 함께 배움에서는 모두가 교류하기 시작합니다. 이런 상황에서는 수업 중에도 혼자가 됩니다. 이것은 고통스러운 일이기에 보호자에게 "선생님이랑 모두가 나를 괴롭힌다"라고 호소합니다.

이렇게 되면 아무리 교사가 설명하더라도 보호자는 좀처럼 납득을 하지 못합니다. 그러니 함께 배움을 실시할 때에는 사전에 보호자 집회 등에서 설명을 해 둡시다.

설명을 할 때는 '교과 학습을 통한 인간관계 만들기', '언어활동을 중시한 수업', '한 사람도 포기하지 않는 수업'이라는 말을 합니다.

아마도 큰 반대는 나오지 않을 것입니다. 보호자는 어떤 수업을 하는가보다는 내 아이가 학교에서 즐겁게 돌아오고, 평가 점수가 높으면 만족하기 때문입니다. 따라서 이 학생의 보호자에게는 따로 설명을 합니다. 이때 당신 자녀를 특별히 생각하고 있다는 메시지를 전합니다.

"이전의 보호자 모임에서 설명했던 것처럼, 학생들의 인간관계를 향상시키고, 중·고등학교에서도 필요하며, 성인이 되어서도 도움이 되는 능력을 육성하기 위해 함께 배움이라는 수업을 도입하려고 합니다.

그래서 ○○의 부모님께 특별히 말씀드리고자 시간을 냈습니다. 제가 말씀드리지 않아도 ○○는 여러 가지 재능이 있습니다(여기서 좋은 점을 길게 설명합니다). 그런데 다른 사람과 어울리는 것은 잘하지 못합니다. 저는 그 점이 걱정됩니다.

중·고등학교에 진학하면 교사의 눈이 미치지 못하게 됩니다. 잘못하면 따돌림의 대상이 되기도 합니다. 무엇보다도 ○○가 지닌 재능을 성인이 되었을 때 활용하지 못하는 것은 정말로 안타깝습니다.

함께 배움이라는 수업에서는 대부분의 시간을 학생들이 서로 교류하면서 공부를 진행합니다.

○○는 처음에는 그 배움의 울타리 속으로 들어오지 못할 거예요. 아마 교류를 하면 싸울 때도 있을 것입니다.

그런데 그런 일은 제가 보고 있는 앞에서 일어날 것입니다. 문제는 일어나겠지만, 그때마다 제가 학급 모두에게 이야기해서 해결하겠습니다.

제가 하면 문제가 눈에 띄지 않게 할 수 있습니다. 물론 눈에 띄지 않게 하는 것만으로는 문제를 해결할 수 없습니다. 특히 제 눈이 미치지 못하는 곳에서도 문제는 발생합니다. 아무래도 ○○가 중·고등학교에 진학하면 어쩔 도리가 없습니다. 저는 여러 가지 문제를 의도적으로 일으켜 지금 단계에서 학생들이 극복하게 하고 싶습니다.

그리고 한 사람도 포기해서는 안 된다는 학급 집단을 만들어 이 집단으로 진학시키는 것을 기원하고 있습니다.

이렇게 하려면 시간이 걸립니다. 아마 빨라야 3개월, 길면 1년이 걸릴 텐데, 1년이 걸리더라도 가치는 있습니다.

저는 ○○가 친구 사귀는 방법을 배우기를 바랍니다. 학급 친구 모두가 ○○의 좋은 점을 많이 알게 되기를 바랍니다. 긴 안목으로 보아주세요.

그래서 부탁을 드리겠습니다.

수업 중에 ○○가 활약하는 장면을 만들고 싶습니다. 국어, 과학,

사회 시간에 ○○가 잘하는 것과 좋아하는 것을 적극적으로 도입하고 싶습니다.

그렇게 하면 ○○에게 가르쳐 달라고 물으러 오는 친구들이 쉽게 생길 것이고, 고맙다는 말을 들을 기회가 많을 것입니다.

○○가 잘하는 것, 아주 좋아하는 것을 알려 주세요."

이후 기회가 있을 때마다 이 학생의 변화를 보호자에게 알려 줍니다. 이런 과정을 통해 신뢰를 쌓아 갑니다.

너의 힘은 모두에게 도움이 될 것 같아

새로운 학급을 맡게 되었다. 새로 만난 학생들과 학교생활을 해야 할 날들이 시작되었다. 나는 바로 함께 배움 사고방식에 의한 수업을 시작했다. 처음이라 학생들이 망설이는 때도 가끔은 있었지만, 서서히 함께 배움의 사고방식이 학급 전체로 스며들고 있다고 느꼈다.

그 무렵 학급에서 성적이 가장 좋고 작년까지 실시된 보통 수업에서는 언제나 의기양양하게 자신에 찬 태도로 활약했던 A가 불편한 얼굴을 보이기 시작했다.

함께 배움 수업에서는 학급에 있는 모든 학생 중 한 사람도 포기하지 않는 것을 요구한다. 퀴즈 방송처럼 다른 사람보다 조금이라도 더 빨리 자기 자신만 이해하거나 혼자만 완성하는 것에 교사는 관심을 보이지 않는다. 오히려 자기 과제를 빨리 끝내고 나쁜 태도를 보이고 있는 A는 교사에게 가장 곤란한 학생 중 한 명이 되어 버렸다. 교사의 잣대가 확실하게 바뀌었음을 느꼈을 것이다.

이번 4학년 수학에서 몇 개의 삼각자를 사용해 만들 수 있는 각도 중에서 지정된 각의 크기를 계산해 명확하게 설명하는, 약간 어려운 문제에 도전하게 되었다. 지금까지 배운 내용을 확실하게 알고 있어야 하며 답을 유도해 내는 과정을 알지 못하면 간단히 답을 찾을 수 없다. 또한 수학 수업임에도 불구하고 교사는 수학적인 안내보다는 "모두가 이해하기 위해서 무엇을 할 수 있는지를 잘 생각해서 실행합시다"라고 연속해서 말할 뿐이다. 과제를 누구보다 빠르고 정확하게 해결하는 A에 대해서는 칭찬하기는커녕 "그 외에 해야 할 것이 없나?", "다른 친구들은 모두 할 수 있나?"라는 지금까지 수업에서는 전혀 들어 본 적이 없는 말만 한다.

이런 상황에서 학급에서 악동이라고 모두가 인정하는 B가 "해냈어요"라며 나에게 공책을 보여 주려고 왔다. 나는 초기에는 무심코 개개인의 달성 여부를 점검하지 않는다는 원칙을 깨고 "멋져요", "노력했네"라고 칭찬을 했다. 그것을 보았는지 즉시 A가 공책을 가지고 왔다.

나는 직감적으로 기회라고 생각했다. 그래서 그 자리에서 "너의 힘은 모두에게 도움이 될 것 같아"라고 혼잣말하듯 무정하게 중얼댔다. 그리고 A가 나의 움직임을 눈으로 살펴보는 동안에 A가 풀었던 문제를 몰라서 곤란스러워하는 그룹에게 A에게 간신히 들릴 정도의 목소리로 "A는 좀 더 간단한 방법을 알고 있는 것 같아요. 들으러 가 보세요"라고 중얼거렸다. 그리고 더 큰 목소리로 이야기했다. "A는 언제나 노력하고 있기 때문에 모두가 이해하는 데 도움이 되어 줄 거야."

귀를 쫑긋 세우고 듣고 있던 A 쪽을 슬쩍 쳐다보자, 슬그머니 시선을 돌려 공책을 보는 척한다. 기쁘지만 들키고 싶지 않은 감정을 참는 모습이 떠오른다.

그래서 다그치듯이 "모두가 이해하는 데 힘을 빌려 줄 친구가 한 명 두 명 보이기 시작하네요. (모두가 이해할 수 있게 하려면) 한 사람 한 사람, 자신이 어떤 행동을 해야 할지 생각해서 실행해 봅시다"라고 말했다. 즉시 여기저기서 학생들이 움직이기 시작했다. 각자의 답을 서로 확인하고 안심한 표정으로 자신의 자리로 되돌아오는 학생, 해결 방법을 설명하는 학생과 그것을 듣는 학생, 설명을 보충하는 학생 등 실로 다양한 모습을 볼 수 있었다.

이런 상황에서 좀 전에 A에게 들어 보라고 권유받았던 그룹이 A의 책상에 다가가서 "가르쳐 줘"라고 말했다. A는 "허~"라고 했지만 공책을 펼치며 마치 기다렸다는 듯이 가르치기 시작했다. 게다가 아주 신나는 표정으로, 그리고 마지막으로 "알았니?"라고 걱정되는 것처럼 물어보는 A를 보고 나는 안아 주고 싶었지만 참았다. "고마워"라고 배웠던 학생들이 말하자 만면에 미소를 지으며 "응"이라고 대답하던 A에게 이 이상의 보상은 없었을 것이다. 그 후 A의 표정은 싱글벙글, 매우 편안해졌다.

수업 마지막에 A에게 배웠던 그룹의 한 명한테 어떻게 해서 몰랐던 문제를 알게 되었는지를 물었다. 물론 A가 가르쳐 주어서, 좀 어려웠지만 풀 수 있게 되었다는 응답. A는 시선을 마주치지 않으려고 안절부절못하면서도 기쁜 표정을 감추지 못했다.

다음 날 아침, 모처럼 A가 내 책상에 다가오더니 이야기를 꺼냈다. 실은 어제 집에서 예습을 했다는 것. "왜?"라고 묻자 "어제 좀 어

려웠다고 하잖아요. 그래서 이해하기 쉽게 알려 주려면 어떻게 하면
좋을까를 생각해 왔어요"라고 말했다. 모두가 이해할 수 있도록 예
습했다는 것이다.

이 순간부터 나는 안심하고 A를 칭찬했다.

"멋지다! 이것으로 모두가 이해하면 좋겠구나!"

A는 수업이 정말로 재미있다면서, 수업은 자신이 하기 나름에 따
라 시시할 수도 재미있을 수도 있다는 것을 알았다고 말했다.

_나가노 현·초등학교 무카와 히로시

[체험담 4]
선생님이 놀랄 만큼
멋진 평가를 만들어 주세요

단원 정리 문제 만들기를 했습니다. 국어의 "곤 기츠네こん狐"(초등학교 4학년에 나오는 동화. 곤 기츠네라는 작은 여우와 늙은 어머니와 사는 효주 사이에서 일어난 이야기-옮긴이)입니다.

수업 첫머리에 단원 목표를 학생들에게 설명합니다. 교사가 지도안에 쓰는 목표를 그대로 학생들에게 설명합니다.

예를 들면 다음과 같은 목표입니다.

"곤 기츠네" 단원의 목표

▶ 곤과 효주의 감정 변화를 공감하면서 글을 읽고, 감정과 장면의 모습이 이해되도록 소리 내어 읽으며 이야기를 즐긴다.(관심·의욕·태도)
▶ 곤과 효주의 행동, 장면 묘사를 토대로 곤의 심정을 풍부하게 상상하면서 읽을 수 있다.(읽기)
▶ 읽은 내용에 대해 자기 생각을 갖고 사람마다 느낌에 차이가 있

다는 것을 알아차릴 수 있다.(읽기)

▶ 효과적인 정경情景 묘사와 비유 표현을 이해할 수 있다.(언어)

최종적으로 이 단원 목표에 맞는 평가를 만들어야 합니다. 이를 위해서 각 장면을 구분하고, 장면마다 몇 개씩 문제 만들기부터 시작하라고 이야기합니다. 학생들은 무엇을 위해 하는지, 무엇을 해야 하는지 이해하지 못해서 불안한 표정을 짓습니다.

"지금부터 여러분이 하려는 것은 일본에서 누구도 한 적이 없습니다. 초등학교 4학년이 평가 문제를 만든다는 것은 누구도 생각하지 못할 겁니다. 가능하다고 생각하지도 못합니다. 나는 그 방법을 어떤 선생님에게 배웠습니다.

혼자서 만드는 것은 아닙니다. 모두 함께 만듭니다. 여러분은 누가 가능한지를 알고 있습니다. 우선 이 시간에는 한 장면에서 문제 만들기를 해 보세요.

선생님이나 문제집 만드는 회사가 놀랄 만큼 멋진 문제를 만들어 주세요."

학생들은 우선 한 장면을 읽기 시작합니다. 읽으면서 서로 이야기합니다. 자연스럽게 자리를 옮기고 그룹이 형성됩니다. 읽지 못하면 만들 수 없기 때문에 학생들의 읽는 모습은 신중합니다.

생각하면서 공부하는 학생들의 모습을 둘러봅니다.

선생님은 "놀랄 만큼 멋진 문제가 만들어지는 것을 즐거운 마음으로 기대하겠습니다"라고 반복해서 말합니다.

그리고 "아, 그런 생각도 있었네!"라고 칭찬합니다.

학생들은 한 장면에서 학습 목표에 맞춘 형태로 문제를 만들기 위해 고심합니다. 문제 만들기를 학생들에게 시키면 엉뚱한 문제를 만들기도 합니다. 또한 목표에 맞추어 만드는 것은 매우 힘들어서 쉽게 만들 수 없습니다.

첫 시간의 마지막에 문제를 모아서, 두 번째 시간이 시작되었을 때 그 문제를 무작위로 배분해서 풀게 합니다. 남은 시간에는 두 번째 장면에서 문제를 만듭니다.

이렇게 반복하면서 마지막까지 진행하면 놀라운 평가 문제가 나옵니다. 학생들은 평가 문항 만들기에 열중합니다.

마지막에는 단원 평가 문항 만들기가 기다리고 있습니다. 학생들에겐 자신이 만든 평가 문항과 친구들이 만든 평가 문항이 있습니다. 어떤 문제를 만들면 좋은지 이해하는 학생이 늘어납니다.

"정말로, 선생님이 놀랄 만큼 멋진 평가 문제를 만들어 주세요"라고 한 번 더 부탁합니다.

마지막에 이렇게 함께 배움을 했을 때, A가 "선생님, 혼자서 만들어도 될까요?"라고 물으러 왔습니다. 지금까지 그룹으로 서로 의논해서 진행해 온 A입니다.

"혼자서도 좋지만, 그룹의 친구들과 이야기해 보세요. 힘들어하는 친구가 있으면 도와주고, 자신도 힘들면 도와달라고 말하세요."

A는 "네"라고 대답하면서 자기 자리로 돌아가 그룹 친구들과 무엇인가를 이야기한 후 조용히 자리를 옮겨 공부하기 시작했습니다.

뒤쪽의 한자 테스트를 활용해서 기발한 방법으로 문제를 만든 B학생, 단원 목표인 곤과 효주의 감정 변화를 중심으로 문제를 만든

C학생, 각각 모든 힘을 다해 문제 만들기에 임했습니다.

"놀랄 만큼 멋진 평가를 만들어 주세요"라는 저의 희망을 학생들은 멋지게 실현했습니다.

_사이타마 현·초등학교 쿠부치 마코토

[체험담 5]

미안

제가 함께 배움을 시작하면서 가장 많이 사용한 말 중 하나가 '미안'입니다.

교원임용고시에 합격해서 신규 교사 생활을 시작한 저는 바로 어떤 문제에 부딪히게 되었습니다.

그것은 제 수업이 시시하다는 것이었습니다.

연구수업처럼 확실하게 준비된 수업을 매 시간 할 수도 없고, 때로는 수면 시간을 줄여 가면서 수업 때문에 몸부림치며 생각하는 시간이 늘었습니다. 수업을 하고 있으면 학생들이 시시하다는 얼굴로 이쪽을 보고 있다는 것을 알고 나서, 왠지 미안한 마음이 들었습니다.

수업이 시시해서인지 학급은 거칠어졌습니다. 1학기 끝 무렵에는 싸움과 같은 갈등 상황이 빈번하게 발생했습니다. 또 저에 대한 불만이 하나둘씩 들리기 시작했습니다.

이 무렵 존경하는 동료 선생님으로부터 함께 배움을 배우게 되었습니다. 그 선생님의 수업을 보고 저는 충격을 받았습니다. 학생들이 온 교실을 돌아다니며 활발하고 재미있게 공부했습니다. 저의 수업을 받고 있는 학생들의 힘없는 모습과는 전혀 다른 모습이 거기에 있었습니다. 그래서 함께 배움을 해야겠다고 결심했습니다. 여름방학이 끝나고 개학날 학생들에게 물었습니다.

"솔직하게 이야기하겠습니다. 선생님은 지금까지 최선을 다해서 수업을 한다는 마음이었어요. 그날의 수업을 가능한 한 모두에게 전달하려고 설명을 했습니다. 하지만 이곳에 있는 모두를 이해시키지 못했어요. 무엇보다 수업이 재미없었습니다. 이것은 선생님 책임입니다. 미안합니다.

그래서 함께 배움이라는 수업을 해 보고 싶습니다. 여러분 생각은 어떻습니까?"

학생들은 찬성했고, 바로 그날부터 함께 배움을 시작했습니다.

그날부터 눈이 휘둥그레지는 일의 연속이었습니다.

학생들은 계속해서 예상을 벗어나는 행동을 했고, 놀란 저는 "멋지다!"를 연발했습니다. 수업 중에 너무 기뻐서 눈물이 났습니다. 학생들은 재미있게 수업에 참여하게 되었습니다.

그런데 점차 마음속에 자만심이 움트기 시작했습니다. 그 자만심을 알아차리지 못한 저는 '학생들에게 맡기면 무엇이라도 괜찮다'는 생각을 했습니다.

하루는 문득 교실을 보니 공부하지 않고 멍하게 있는 학생, 모르는 학생에게 알려 주려고 하지 않는 학생을 발견했습니다. 이전처럼 싸움이 일어나고, 울상을 짓는 학생도….

깜짝 놀라고 초조해졌지만, 어떻게 하면 좋을지 몰라서 그 시간은 아무것도 하지 못했습니다.

그날 밤 저는 함께 배움의 매뉴얼을 다시 읽었습니다. 거기에는 실패의 예시와 함께 솔직하게 사과하고, 모두가 모두를 도와야 한다고 이야기하라는 내용이 있었습니다.

결국, 솔직해지는 수밖에 없었습니다. 학생들에게 진솔하게 이야기했습니다.

"모두에게 미안합니다. 나는 진정으로 모두들 서로 돕고, 그래서 더욱 좋아지고, 서로 돕는 우리 반이 되기를 원했습니다.

이렇게까지 학급이 엉망이 된 것은 내가 함께 배움의 방법을 모두에게 확실하게 전하지 못해서인지도 모릅니다. 전달하는 방법이 서툴렀을지도 모르지요. 내가 확실한 선생님이라면 제대로 전달했을 것이고, 모두가 향상되었을 것입니다.

내일까지 시간을 주겠습니다. 밤새도록 고민해 볼게요. 선생님 혼자서는 정말로 부족합니다. 모두가 앞으로의 일을 생각해 봅시다."

방과 후, 근처에 있던 학생 두 명이 다가와 "선생님, 너무 자책하지 마세요"라고 말해 주었습니다.

'아, 솔직하게 이야기해서 좋았구나'라고 안도했습니다.

다음 날 교실 분위기는 어제와는 완전히 달라졌습니다. 수업 시간에 모두가 협력하고 계속해서 과제를 달성했습니다. 휴식 시간에는 전날 있었던 싸움을 자신들이 해결하기 시작했습니다. 진정으로 학생들이 고마웠습니다.

지금도 저는 많은 실수를 합니다. 학생들 모습이 이상해 보이면 대체로 저 자신의 언행이나 그 뒤에 있는 마음에 원인이 있는 경우가 많았습니다.

그럴 때에는 학생들에게 솔직히 사과해야 하는 걸까 망설이면서 교단에 섭니다. 그리고 문제의 핵심을 확실히 학생들에게 말하고 "미안해. 함께 해결하자"라고 말합니다.

학생들에게 사과하려면 용기가 필요하지만 학급의 모두가 문제를 해결하기 위해서, 같이 생각하기 위해서 마음을 강하게 먹습니다.

무책임하게 실수를 하더라도 무조건 괜찮다는 것은 아닙니다. 하지만 인간인 이상 실수를 하지 않을 수는 없습니다. 그때 솔직하게 사과하면 학생들은 반드시 움직일 것입니다.

_군마 현・초등학교 이와무라 코지

[함께 배움의 모습]

3장

3개월 이후

3개월 이후

함께 배움을 이론대로 진행하면 3개월 안에 일정 단계까지 진행할 수 있습니다. 그럼 3개월 이후에는 어떻게 될까요?

학급 상태를 유지하고 발전시키려면 높게, 더 높게 계속 요구해야 합니다.

함께 배움을 시작한 후 3개월 동안의 학생들의 변화는 보이지 않았던 것들이 갑자기 보이게 된 상태입니다. 학생들이 집단으로 육성됨에 따라 지금까지는 생각도 못한 수준까지 성장합니다.

학생들이 성장하는 비율에 맞추어 교사도 성장해야 합니다. 어떻게 성장하면 좋을까요. 교재 연구를 할까요? 아니면 발문 연구를 할까요?

그것도 해야 하겠지만, 함께 배움에서의 성장은 다릅니다.

다소 선문답 같다는 생각이 드시나요. 중요한 것은 '한 사람도 포기하지 않는다'는 짧은 문장의 의미를 이해하고 마음속으로 질문해 보는 것입니다.

3개월 이후에도 여러 가지 문제가 일어날 것입니다. 종래에는 '그 아이', '이 학급', '이 지역'의 탓이라고 해석했을 것입니다. 만약 그런 해석이 옳다고 하더라도 그것으로부터 벗어나는 길은 아닙니다.

학생의 모습은 그 학생이나 그 가정의 영향을 받습니다. 하지만 학생들의 모습은 교사인 당신 마음의 거울입니다.

성찰해 보면 분명히 그곳에 답이 있습니다.

학생이 갑자기
느슨해지기 시작할 때

한 사람도
포기하지 않는다는 마음이
약해졌습니다.
미안합니다.

함께 배움을 시작하고 3개월이 지나면 특별한 말을 하지 않더라도 학생들은 움직입니다. 틀림없이 '잘하는구나. 과연 우리 반이야! 최고!'라는 생각에 마음이 뿌듯해집니다.

그런데 이러는 동안에 '?'라는 느낌이 다가옵니다. 왜 그런지는 잘 모르지만 이상합니다. 그리고 바로 학급이 허물어지기 시작합니다.

도대체 왜 그럴까요? 그리고 교사는 어디를 살펴보면 좋을까요?

학급이 좀 이상하다는 생각이 들면 함께 배움을 리드하는 2할의 학생을 살펴보세요.

학생들이 돌아다니는 상태라면 알아차리기 힘들지만 이 2할의 학생에 주목하면 변화를 쉽게 알아낼 수 있습니다.

아마도 계속 앉아 있을 것입니다. 근처 친구에게는 열심히 가르치지만 계속 한자리에서 머무를 것입니다. 이전에는 학급 전체를 돌아보거나, 칠판의 자석 이름표를 확인하거나, 학급 전체의 달성 정도를 확인했지만 지금은 그렇게 하지 않습니다.

왜 그럴까요?

그것은 교사가 전원 달성을 진심으로 요구하고 있지 않기 때문입니다. 그리고 선생님의 마음을 정확하게 읽고 리드하는 학생이 손을 놓았기 때문입니다.

계기는 사소한 것입니다. 예를 들어, 매우 어려운 문제를 냅니다. 선생님 예상에는 이 시간에는 3할 정도만 해결할 것이라고 생각할 정도로 어려운 과제입니다. 그런데 학급의 거의 모든 학생이 해결했다고 합시다. 선생님은 깜짝 놀라고. 그래서 수업이 끝날 때 "오늘은 대단했다. 모두 달성했다!"라고 말해 버립니다.

함께 배움을 리드하는 학생은 그 한마디를 흘려듣지 않습니다.

'아, 전원 달성을 하지 않아도 괜찮네'라고 생각하기 시작합니다. 그리고 손을 놓아 버립니다. 구체적으로는 앞에서 기술한 것처럼 앉아서 시간을 보냅니다.

처음에는 다른 학생들이 활발하게 움직이기 때문에 과제는 달성 가능합니다. 그런데 주위의 학생들이 리드하는 학생이 손을 놓고 있다는 것을 알아차리기 시작합니다. 이 사실도 기하급수적으로 전해집니다. 결국 붕괴됩니다.

어떻게 하면 좋을까요?

우선 선생님의 최근 자세를 성찰해 보세요. 아마 한 사람도 포기하지 않는다는 마음이 약해진 것을 알게 될 것입니다.

그러면 다음과 같이 말해 보세요.

"최근 여러분의 모습이 느슨해졌습니다. 정말로 한 사람도 포기하지 않는다는 마음을 느낄 수 없습니다. 그렇지 않습니까?

먼저 사과하겠습니다. 원인은 선생님입니다. 내가 한 사람도 포기하지 않는다는 마음이 약해진 것입니다.

미안합니다.

하지만 학급의 누구 한 사람도 예외 없이 행복하게 되기를 원하는 선생님의 마음은 진심입니다. 그것을 실현하기 위해서, 여러분이 학급 모두가 정말로 서로 돕는 것이 중요하다는 것을 이해할 필요성이 있다는 확신을 갖기 바랍니다.

한 번 더 결단을 내립시다.

선생님은 한 번 더 새로운 마음으로 노력하겠습니다. 여러분도 한 번 더 진심으로 노력해 주세요."

원인을 알 수 없는
문제가 발생했을 때

학생들에게 맡긴다.

교실에서는 다양한 문제가 일어납니다. 문제가 발생하면 교사는 원인을 탐색하고 그것을 바탕으로 해결책을 생각합니다. 그리고 학생들에게 그 해결책에 따라서 행동하게 합니다. 결국 교사가 혼자서 고민하고 생각합니다.

그런데 냉정하게 생각해 보세요. 그 해결책은 정말로 타당합니까?

관련된 다양한 정보를 충분히 확보했습니까?

아마도 그렇지 않을 것입니다. 교사가 본 것이나 들은 정보만으로 판단한 것은 아닐까요?

가령 충분한 정보가 있다고 합시다(꽤 대담한 가설이지만). 그것에 기초한 교사의 해결책은 타당할까요? 그 타당함을 보증할 수 있는 학술적 근거가 있을까요?

아마도 없을 것입니다. 교사의 개인적인 경험을 바탕으로 했다고 생각합니다. 혹은 다른 사람의 경험에 따랐을 것입니다. 과연 그것이 타당할까요?

무엇보다도 교사의 해결책은 누구에게 유효한 것일까요? 교사의 해결책은 직접적이든지 간접적이든지 학급 전원에게 영향을 미칩니다. 학급 명단을 확인하면서 누구에게 유효한지를 생각해 보세요. 상당히 위험한 것입니다.

그것은 교사의 능력 부족 때문이 아닙니다. 노력 부족도 아닙니다. 단지 교사 한 사람으로서는 가능하지 않기 때문입니다. 그렇다면 어떻게 하면 좋을까요?

학급의 학생들이 해결해야 합니다.

학생들의 많은 눈과 귀는 교사 한 사람보다 많은 정보를 얻을 수 있습니다. 그리고 그 학급 학생들의 특성과 지금까지 한 다양한 체험은 방대합니다. 교사의 대책이 앞에서 언급한 수준이라면 학생들에게 맡기는 것은 어떨까요.

얼핏 생각하면 교사가 학생들에게 모두 맡기는 것처럼 생각할 수도 있겠지만, 아닙니다. 개개인의 구체적인 해결책은 학생들이 더 잘 생각해 낼 수 있습니다. 그렇지만 학생들이 진정으로 해결하려는 마음이 들도록 하는 것은 교사의 역량에 의존합니다.

교사가 어설프게 분석하지 말고 실제로 일어난 문제를 사실대로 이야기합니다. 그리고 그 문제를 해결하는 것이 학급 모두에게 이익이 된다는 것을 말합시다.

또 그것이 자신들이 어른이 되었을 때 중요한 것이라는 걸 이야기합니다. 그 말하는 방법은 지금까지의 사례에서 다양하게 말씀드렸습니다.

혹시 '정말로 그것으로 해결될 수 있나?'라고 묻는다면 제 대답은 '알 수 없다'입니다. 하지만 한 사람의 교사가 문제를 끌어안고 있는 것보다는 좋다는 것을 단언합니다.

학년을 마칠 때
_다음 학년을 향해서

1년 동안 함께한 친구들을
소중하게 여겨야 해요.
그리고 앞으로의 생활에서도
친구를 많이 사귀는 게 좋아요.

자, 드디어 1년간을 집대성하는 이야기입니다.

아마도 여러분은 매일의 과제를 전원 달성했는지 못 했는지를 평가해서, 그것을 개선하려면 무엇이 필요한지를 계속해서 이야기해 왔을 것입니다.

학년의 마지막에는 함께 배움의 진정한 소망을 이야기합시다.

"오늘로 이 1년이 끝납니다. 이제 저의 소망을 말하고 싶습니다. 저는 앞으로 긴 인생을 살아갈 어린이 여러분 모두가 행복하게 살 것을 소망합니다. 이 소망을 실현하기 위해서 교사라는 직업을 선택했습니다.

여기 있는 모두, 한 사람 한 사람에게 앞으로 많은 일이 있을 것입니다. 좋은 일도 있을 테고 힘든 일도 있을 겁니다. 그것을 이겨 내서 전원이, 한 사람도 예외 없이 행복하게 되기를 소망합니다.

물론 자신의 행복은 스스로가 가장 원하겠지만 말입니다.

먼저, 그것을 어떻게 실현하면 좋을까요?

돈일까요? 많은 돈이 있으면 행복할까요? 예를 들어 여러분이 1억 원하는 다이아 반지를 샀다고 합시다. 살 때에는 기쁘겠지만 곧 익숙해집니다.

사람의 행복과 불행은 사람과의 만남으로 정해집니다. 여러분이 다른 사람과 연계되어 함께 이야기하고, 웃고, 기쁨을 시로 나눌 때 진정한 행복을 느낄 수 있습니다.

저는 여러분 모두가 그 기쁨을 갖기를 소망합니다. 때문에 선생님은 우리 학급의 모두에게 평생 같이 할 동료를 주고 싶다고 생각했습니다.

그것이 바로 함께 배움이라는 수업입니다.

여러분은 많은 사람과 어울리면서 전원 달성이라는 매우 힘든 과제를 함께 극복했습니다. 그 힘든 과정을 통해 친구를 포기하지 않고 마지막까지 다 같이 노력한 것이 사실은 자신의 행복에도 연결된다는 것을 실감했을 것입니다.

이 1년 동안 같이한 학급 동료를 소중히 여겨야 합니다. 그리고 앞으로의 삶에서도 많은 동료를 만들어 나가세요.

여러분은 알고 있습니다. 이처럼 동료를 만들고, 그 관계가 계속될 수 있게 하는 단 한 가지 법칙. 그것은 한 사람도 포기하지 않는 것입니다.

고맙습니다. 이 1년 동안 여러분의 모습에 감격해서 얼마나 눈금을 흘렸는지 모릅니다. 여러분에게 또 울고 있다고 놀림을 받기도 했지만, 눈물을 흘릴 때마다 여러분에게 감사했습니다. 고맙습니다. 고맙습니다.

여러분은 저의 자랑입니다."

학생들에게 눈물을 흘리면서 감사하고 학년을 마무리한다면 멋질 것입니다. 학생의 행복을 진정으로 원해서 이 책에 담긴 사례대로 노력한 선생님만이 맛볼 수 있는 교사로서의 참다운 보람일 것입니다.

[체험담 6]
모두 친구

제가 함께 배움을 시작했을 때 학생들에게 한 말은 다음과 같습니다.

"○○학급과 △△학급의 목표는 '모두 친구'입니다. 친구의 힘을 빌려도 좋습니다. 모두가 달성할 수 있는 것이 중요합니다. 자, 그럼 시작합시다."

또 함께 배움의 절정에는 학생들이 서로 교류하는 모습을 보고 "모두 다 멋집니다! 우수합니다"라고 칭찬하거나, 시간 안에 과제를 끝내지 못하면 "모두 달성할 수 없어서 유감입니다. 다음에는 모두가 달성할 수 있도록 노력합시다"라고 하는 등 모두를 강조해서 이야기했습니다.

지금 학교에서 '모두 친구'라는 말을 이용한 특수학급 간의 함께 배움이 2년째에 접어들었습니다. 월 1회 정도의 실천이지만 작년부터 함께 배움을 경험한 학생들에게는 '모두 친구'라는 말이 침투되어 있는 것 같습니다.

어느 날 제가 담임하고 있는 ○○학급의 A학생이 "자립과 공생을 향하여 모두 노력하자"라고 친구들에게 호소한 적이 있습니다. '자립과 공생'은 우리 학급의 학급 목표입니다. 자립은 자신이 할 수 있는 것은 스스로 하는 것이고, 공생은 자신이 곤란할 때에는 친구에게 도와 달라고 하고 친구가 곤란할 때는 친구를 도와주는 것이라고 항상 학생들에게 이야기해 왔습니다.

제가 지향하는 학급 모습을 A군이 이해하고 실현하려고 노력하는 모습을 보고 저는 눈물이 나올 정도로 커다란 감동을 받았습니다. 그리고 담임(교사)이 진정으로 하는 말에는 학생들의 의식을 바꾸는 강한 힘이 있다는 것을 다시 느꼈습니다.

제가 특수학급 간의 함께 배움을 시작해서 좋았다고 생각하는 것은 학생들의 인간관계가 이전보다 개선되어 집단으로서의 일체감을 느낄 수 있다는 점입니다.

저는 이전 학교에서 함께 배움을 만났습니다. 함께 배움을 시작하기 전에는 교사와 각 학생의 일대일 관계는 강하고 학생들 간의 관계는 희박했습니다. 교사를 통해 서로 활동하는 정도였습니다. 또 같은 특수학급임에도 불구하고 저 자신이 이웃 학급의 학생들을 알지 못하고, 학생들 간의 교류가 거의 없어서 학급 간의 연계는 약했습니다.

함께 배움을 만나서 선진 학교의 실천을 모방하면서 실천했지만 처음에는 잘되지 않았습니다.

나 혼자만 할 수 있으면 좋다거나, 못해도 좋다는 생각을 하는 단계의 학생들은 서로 가르치려고 하지 않았습니다. 과제 해결뿐만 아니라 학생 간의 어울림이 없었습니다. 그런 모습에 저는 참지 못하고 그만 개별 지도를 했습니다.

그래서 함께 배움을 시작할 때마다 그 이유를 반복해서 학생들에게 말하고, 친구들과 교류하는 학생이 있으면 즉시 그 행동에 대한 칭찬을 꾸준히 했습니다.

학급 친구와 함께 하면 선생님이 칭찬해 준다고 학생들이 이해하기 시작하자 서로 교류하는 학생들이 늘어나기 시작했습니다. 그리고 친구들과 교류하는 것이 자립과 공생과 연결된다고 전하면서 학생들에게 그 의미를 말했습니다.

쉬는 시간이 되면 상대 학급을 왕래하며 함께 놀거나 교외 학습에서는 선배가 후배를 도와주게 되어 하나의 팀이라는 의식이 높아졌습니다. 이런 변화는 이전 학교뿐만 아니라 현재 학교에서도 느끼고 있습니다.

위와 같은 경험을 통해 학교에서 왜 공부해야 하는지를 명확하게 전하고, 친구들과 함께 하면 재미있고 안도감이 든다는 것을 학생들이 느끼게 되어 함께 배움을 시작하는 계기가 된 것 같습니다.

그리고 '모두가 달성합니다'라는 말에는 함께 배움에서 공부하는 이유가 명확하게 표현되어 학생들의 의욕을 일으키는 스위치가 될 것입니다. 평가도 간단해서 이해하기 쉽게 전할 수 있습니다.

특수학급의 큰 목표는 자립과 사회 참여입니다. 이 목표를 실현할 배움과 기회를 함께 배움은 갖고 있습니다. 함께 배움과의 만남과 실천을 통해, 저는 개인에게 맞는 지도가 곧 개별 지도가 아님을 알게 되었습니다. 결코 개별 지도를 부정하는 것은 아닙니다. 교사가 실시하는 개별 지도가 개인에게 맞는 지도라고 말할 수 없다는 것을 생각하게 되었다는 의미입니다.

특수학급 간의 합동 함께 배움의 장점은 복합연령 집단에 있습니다. 1~6학년 학생이 혼재해서 더불어 활동하는 집단은 동학년 학생들 간의 교류보다 더 좋은 인간관계를 형성하는 것 같습니다. 그래서 교사가 함께 배움의 가치인 '모두 친구'를 제시하면, 학생들은 편안함을 느끼고 과제 달성을 향해 친구들과 협력하는지도 모르겠습니다.

학교 교육 후, 학생들은 지역사회에 나갑니다. 그 사회는 다양한 사람이 섞여 있는 복합연령 사회입니다. 우리 교사는 학생들이 이 사회 속에서 자립하고 동료와 더불어 살아갈 수 있는 능력을 수업을 통해 육성할 필요가 있지 않을까요?

_도치기 현•초등학교 요시무라 슌스케

37명 모두 함께 가자

졸업식이 끝나는 방송이 식장에 흐르고 저는 학급 학생들 앞에 서서 모두 일어서라는 신호를 합니다.

우리 6학년 1반이 졸업식에서 목표한 그 순간이 온 것입니다.

저는 모두를 보고 고개를 끄덕이면서 걷기 시작합니다.

한순간 모두의 모습을 보고 '그렇다. 이것이 내 학급의 모습이야' 라고 생각하며 걷습니다.

체육관 중앙에 깔린 융단 위를 지나 출구를 향해 걸어갔습니다. 더 이상 모두를 되돌아볼 수 없습니다.

눈물짓고 있는 학부모님들 앞을 지나 체육관을 나왔습니다. 벚꽃 이 흩날리는 체육관 입구에도 많은 분들이 기다리고 있었습니다. 식 장을 나온 저는 뒤돌아보다가 학생들의 모습에 엉엉 소리 내어 울었 습니다.

어머니 몇 분이 휴대전화를 꺼내 웃으면서 그런 저의 모습을 찍었 습니다. 저의 울음소리에 그 일대는 웃음바다가 되었습니다.

식장에서 나오는 학생들의 머리를 쓰다듬으며 엉엉 소리 내어 울었습니다. 부끄러움도 잊고 울었습니다.

이런 저를 학생들은 미소 지으며 바라보았습니다. 우리들은 교실로 향했습니다. 이 친구들과 이 교실에서 보내는 마지막 시간입니다.

많은 분들이 미소를 머금고 뒤에 서 있어서 약간 쑥스러운 기분으로 마지막 말을 시작했습니다. 오늘 나눠 준 졸업 문집에 있는 글을 읽으면서 오늘과 지금까지의 일도 함께 이야기했습니다. 진지한 얼굴을 한 저를 보자마자 웃는 학생이 있었습니다.

"좋아요. 마지막 이야기를 합니다"라고 하자, '또 울 거면서'라는 눈빛으로 쳐다보는 학생도 있습니다. 정말로 얄미운 학생들이지만 지지 않고 진지하게 이야기했습니다.

"여러분은 저의 희망입니다. 사람이 왜 감동하는지를 가르쳐 주었기 때문입니다. 사람과 사람이 교류할 때, 서로 믿을 때, '믿자'라고 결심할 때, 믿음을 계속 유지할 때, 사람과 사람 사이에는 감동이 생긴다는 것을 가르쳐 주었기 때문입니다.

아마도 이것은 살아가는 의미, 바로 그것입니다. 선생님은 오늘까지 '여러분이라면 가능하다'는 것을 이야기해 왔습니다. '37명 전원 함께 가자'고 이야기했습니다.

졸업식에 참석하신 보호자분들은 당연한 것 아닌가라고 생각할지 모르겠지만, 특수학급의 친구가 큰 소리가 울리는 체육관을 매우 싫어했습니다. 졸업식 연습할 때 너무 고통스러워서 처음에는 체육관에 들어가지도 못했습니다. 어제 연습까지 함께 걷지도 못했습니다. 하지만 여러분이라면 최고의 졸업식으로 만들어 줄 것이라고 믿었습니다.

졸업 문집에는 이런 것도 쓰여 있습니다. 태어나면서 지닌 능력도, 여러분이 처한 환경도, 잘 통하는 친구나 통하지 않는 친구도, 어려워하는 친구나 우수한 친구도, 가르치는 사람이나 배우는 사람이나 어떤 것이라도 극복하는, 모두를 목표로 하는 여러분의 그런 모습에 몇 번이나 울었는지, 몇 번이나 오열했는지… 여러분 몰래 수업 중에 울기도 했습니다. 그것이 여러분이 준 행복입니다.

혹시 여러분이 절망에 빠진 일이 생겼을 때는 선생님을 생각해 보세요. 여러분은 언제나 선생님의 희망입니다.

해 보지도 않고 할 수 없다고 말하지 마세요. 최선을 다하면 정말로 보답이 있을 것입니다. 꿈을 말하세요. 그러면 당신을 응원하는 친구가 있을 것입니다. 꿈이 없다면 누군가를 도와주세요. 다른 사람을 위해 최선을 다하면 나의 역할이 보입니다. 나의 역할은 천직이 되고 큰 뜻을 알게 해 줍니다. 큰 뜻은 의지를 낳고, 바로 그것이 여러분의 꿈이 될 것입니다.

여러분은 다른 사람을 위해 일해야 한다는 것을, 모두를 목표로 하면 기분이 좋아진다는 것을, 그렇게 하면 행복해질 수 있다는 것을 알게 해 주었습니다.

중학교에서는 함께 배움을 할 수 없을지 모르지만, 그렇다고 하더라도 수업이 끝나고 모르는 것이 있으면 여기 있는 친구들에게 물어보세요.

그렇습니다. 여기 있는 친구들이라면 가르쳐 줄 것입니다. 배울 수 있을 것입니다. 잘 못하는 친구를 외면하지 말아 주세요. 친구를 포기하지 마세요.

선생님은 여러분이라면 가능하다고 계속 말해 왔습니다. 지금, 우리라면 가능하다고 잠깐 눈을 감고 생각해 보세요.

여러분은 선생님의 희망입니다. 47세의 아저씨 선생님이 발견한 희망입니다. 만일 10년 전이라면 선생님은 이런 이야기를 하지 않았을 거예요. 아마 이런 대단한 학급을 내가 키웠다고 자랑했겠지요.

지금은 교사라는 일은 여러분을 믿는 것, 강하게 믿는 것 외에는 없다는 생각을 할 뿐입니다. 6학년이 되어 제가 가르친 것은 아무것도 없습니다. 전부 여러분들이 했습니다. 선생님은, 여러분이라면 될 것이라고 계속 이야기하고, 계속 믿었을 뿐입니다. 그렇기 때문에 여러분이라면 가능합니다.

누구 한 사람도 포기하지 않는 학급의 한 사람이었다는 건 정말 자랑스러운 일입니다. 이 학급에 있었다는 것을 때때로 떠올려 보세요. 언젠가 선생님을 만나러 올 때는 여러분이 만난 사람들 이야기를 들려주면 기쁘겠습니다.

사람은 용기와 아이디어만 있으면 무엇이라도 할 수 있습니다. 선생님의 아이디어는 죽을 때까지 '모두'를 지향하는 것입니다. 용기는 여러분이 주었습니다.

맛있는 커피를 준비해 놓을게요. 만나고 싶을 때는 언제든지 찾아와 주세요."

그리고 나서 뒤에 서 있는 학부모님들에게 2년 동안 느낀 감사의 마음을 전했습니다.

"마지막으로 아버님, 어머님 이런 멋진 학생들을 낳아 주셔서 고맙습니다. 저와 만나게 해 주셔서 정말 감사합니다. 고맙습니다."

이상이 그들을 보내는 저의 마지막 말입니다.

졸업식 정리가 어느 정도 끝나고 모두가 사라진 교실로 돌아와 재학생이 만들어 준 장식을 떼어 내면서 하나, 둘, 함께 배움의 나날을 떠올렸습니다.

손쓸 방법을 찾지 못할 정도로 안절부절못하는 한 학생을 진정시키고는 함께 울었던 방과 후의 복도.

교실을 뛰쳐나갔던 그 학생이 "어~ 나도 좀 가르쳐 줘"라고 말하며 자신을 놀리던 친구에게 부탁하던 날.

"오늘 나도 같이 하고 싶어"라고 말하며 점점 동료를 늘려 가던 모습.

따돌림을 잊을 수 없다고 말하던 학생이 "이 학급은 우리 집 같아"라고 쓴 작문.

반항만 하던 학생이 수업이 끝나자 나에게 다가와 "선생님, 저도 알았어요"라며 천진한 얼굴로 말해 주었던 일.

안절부절못하면서 착석조차 못하던 학생이 지원 학급의 친구와 운동회 줄넘기 연습을 가장 사이좋게 했던 일.

소극적이던 학생이 "어리광 부리지 마!"라고 친구들에게 호통치던 일.

학급 대항 경기에서 질 수 있는데도 불구하고 그것을 무시하고 패스를 계속해서 전원이 공을 넣도록 했던 일.

"이기지 못해도 좋니? 모두 공을 넣게 하려고 그러니?"라고 묻자, "당연하지요. 친구니까요"라고 말하던 학생.

말썽이 일어난 것을 보고 있던 나에게 "선생님. 어쨌든 해결될 거예요"라고 웃으면서 말하던 학생.

교류 학급의 친구에게 몇 번이나 매듭짓는 방법을 가르쳐 주었던 조용한 학생.

평소에 50점밖에 받지 못하던 학생의 계산 과정이 새까맣게 적힌 100점 시험지.

몇 번이나 친구에게 배웠지만 이해되지 않아 머리를 감싸고 고민하는 학생과 그것을 부드러운 미소로 바라보던 학생의 모습.

수학여행을 떠난 밤에 '큰 소리에 놀라지 않을까?'라고 지원 학급의 친구를 걱정하면서 바라보던 불꽃놀이.

"선생님, 함께 배움이 안 될 때는 그냥 놓아두세요"라고 말했던 학생.

그리고 졸업식 퇴장 연습에서 익힌 정열 방법을 무시하고 그 학생을 둘러싸고 모두 함께 퇴장하려고 했던 학생들.

교실 여기저기서 소리가 들려온다.

"아, 알았다."

"그렇구나!"

"이것은 무슨 뜻이야?"

"아시리기망이 무슨 뜻이야?"라고 누군가가 물으니 아시카가 요시미쓰足利義 (무로마치 막부의 3대 장군-옮긴이)라며 웃으면서(한자를 자기 마음대로 읽었기 때문에-옮긴이) 대답하는 목소리가 들려오는 교실.

이런 어리석으면서도 아름다운 시간을 떠올리며 혼자 교실에서 조금 웃었습니다. 그리고 무엇보다도 소중하게 여겼던 '한 사람도 포기하지 않는다. 모두가 커 가는 학교를 만들자'라는 급훈을 떼어 냈습니다.

저는 장식을 다 떼어 낸 새까만 칠판에 마지막 판서를 했습니다.

"고맙습니다, 나는 일본에서 제일 행복한 교사입니다."

_후쿠오카 현·초등학교 이토 무네히로

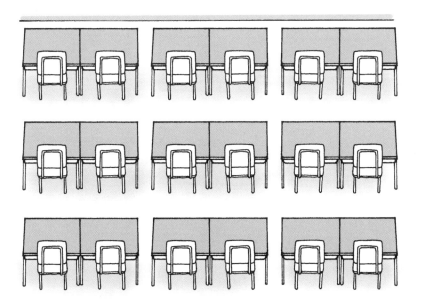

[함께 배움의 모습]

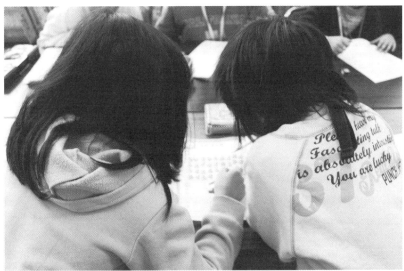

최고의 학급

제가 알고 있는 함께 배움 최고의 학급은 지적 장애 학생이 있는 초등 학급입니다. 이 학급은 사회과에서 3회 연속 전원 만점을 실현했습니다.

이 학급에서는 시험을 시험이라고 말하지 않습니다. 도전장이라고 부릅니다. 선생님은 '전원 80점 이상'이라는 과제를 부여합니다. 학생들이 그것을 달성하면 자신들의 승리가 됩니다. 때문에 전원 80점 이상은 선생님으로부터의 도전장입니다. 이 도전장을 극복하면 전원 90점 이상, 전원 95점 이상이 되어 최후에는 전원 100점이 됩니다.

초등학교 평가의 기대 득점은 80점입니다. 때문에 사회과의 경우 스피드 암기 등 여러 가지 방법이 활용됩니다. 그래서 함께 배움으로 그럭저럭하면 실현 가능합니다. 하지만 전원 90점 이상이나 전원 95점 이상은 그렇게 되지 않습니다. 실수가 허용되지 않는 상황입니다. 그리고 전원 100점은 정말로 도달하기 어렵습니다.

이 학급에서는 학생들이 시험 전에 둥글게 모입니다. 그리고 "반드시 100점을 맞자!"라고 소리칩니다.

시험 중에는 "절대로 포기하지 말자!", "선생님이 웃고 있네. 함정 문제가 있을 수 있다. 한 번 더 살펴보자!"라는 소리가 들립니다.

이것은 최고의 클럽 활동 상태와 같습니다.

이 상태에 도달하는 학급을 육성하는 것은 수년간 함께 배움을 실천한 선생님이라도 어렵고, 100점을 연속해서 달성하는 것은 더 어렵습니다.

하지만 말하기를 계속하면 이 수준까지 달성하는 것은 가능합니다. 어떻습니까?

여러분, 도전해 보지 않겠습니까!

자기 점검 항목

저는 일본 전국의 학교로부터 초대를 받습니다. 그리고 그 학교 선생님의 수업에 대한 조언을 요청받습니다.

대체로 학교에서는 한 시간에 한 분 선생님의 수업을 참관하도록 계획을 세웁니다. 저는 이 시간에 함께 배움을 하고 있는 반은 어디인지 묻습니다. 그리고 그 반들을 한 번에 다 둘러봅니다.

학교 전체가 함께 배움을 하고 있는 경우, 한 시간에 20~30학급의 수업을 참관합니다. 그리고 그 후에, '함께 배움에 반대하고 싫어하면서 하고 있는 선생님', '학생들을 온전히 못 믿는 선생님', '함께 배움을 터득 중인 선생님', '함께 배움의 사고방식을 이해한 선생님'의 4개로 분류해서 교장과 연구부장에게 제시하면, 그들은 그 정확함에 놀랍니다.

대학교수가 수업 참관을 하는 경우, 수업에서의 발언과 판서 등을 관찰하기 때문에 한 시간의 참관이 필요합니다. 하지만 저는 교사와 학생의 모습을 보기 때문에 한 시간에 십수 학급을 판단할 수 있습니다.

그럼, 어떻게 판단할 수 있을까요?

비법을 공개합니다. 알고 나면 매우 간단합니다.

저는 종종걸음으로 복도를 지나면서 교실을 슬쩍 봅니다. 학생들이 일어나 돌아다니고 있는지 아니면 칠판을 사용해 설명하고 있는지를 살펴봅니다.

이것만으로도 대략 판단 가능합니다.

학교를 돌아다니면서 수업의 처음과 중간, 그리고 마지막을 살펴봅니다. 이를 위해 반복해서 학교를 돌아다닙니다.

'함께 배움을 터득 중인 선생님'과 '함께 배움의 사고방식을 이해한 선생님'은 1~2주 정도가 되면, 수업 개시 5분 정도 지나면 학생들이 일어나 돌아다닙니다.

수업 개시 15분 이후에 학생들이 돌아다니거나 돌아다닌다 하더라도 수업 마지막에 10분 이상 정리를 하는 선생님은 '학생들을 온전히 못 믿는 선생님'입니다. 이 선생님은 함께 배움을 종래의 협동학습이나 소집단 학습의 일종이라고 이해하고 있습니다. 그리고 학생들의 설명보다는 교사 자신의 설명이 효과적이라고 생각합니다.

'학생들을 온전히 못 믿는 선생님'의 차이는 어디에 있을까요? 그것은 학생이 일어나 돌아다니는 모습입니다.

제1단계의 선생님은 한 사람 한 사람의 공책을 점검합니다. 이성으로는 함께 배움을 이해하지만 아무래도 학생들만의 학습 진척은 완전히 믿기 어렵습니다. 때문에 한 사람 한 사람씩 점검합니다. 그 결과 시야가 좁아져서 학급 전체를 둘러보지 못합니다. 학급 전체를 움직이게 하는 말하기를 할 수 없습니다.

제2단계의 선생님은 함께 배움을 실천하면서 완전히 학생들을 믿는 것은 아니지만 학생들이 공부하고 있다는 것은 이해합니다. 그리고 보통 수업에서는 전혀 공부하지 않던 학생도 자기 나름의 공부를 하는 것을 보고 놀라며, '이렇게 해도 되네'라고 생각하는 시기입니다.

때문에 학급 학생 모두의 공책을 한 사람씩 점검하지 않고 학급 전체를 살펴볼 여유를 갖습니다. 결과적으로 학급 전체를 움직이는 말하기가 가능해집니다.

그런데 대부분의 학생을 믿지만, 마음에 걸렸던 그 학생은 완전히 믿지 못합니다. 그래서 특정한 5, 6명에게 접근, 점검해서 최악이라면 가르칩니다. 교사가 가르치기 때문에 주변의 학생들은 가르쳐 주지 않습니다. 왜냐하면 그 학생은 선생님 담당이라고 생각하기 때문입니다.

교사가 학생을 격리시키고 있지만, 시야가 좁아 그 학생밖에 보이지 않기에 자신이 그렇게 하고 있다고 자각하지 못합니다.

제3단계가 되면 걱정되는 그 학생들을 가르치더라도 효과가 별로 없다는 것을 알아차립니다. 그래서 교사의 지시를 따르는 학생들을 움직이려고 합니다. 그리고 수업 중에 주의를 주기보다는 잘하는 학생의 좋은 행동을 칭찬하는 일이 많아집니다. 결과적으로 표정이 부드러워집니다.

제4단계가 되면 집단을 움직인다는 의미를 이해하게 됩니다. 그리고 말이 필요 없어집니다. 4주 정도 함께 배움을 하면 교사가 무엇을 요구하는지 무엇을 나쁘게 생각하는지 학급을 리드하는 5, 6명은 확실히 알게 됩니다. 때문에 수업 중에 말을 걸 필요가 없습니다. 수업 시작과 끝에 말하면 됩니다.

그럼 수업 중에 무엇을 하고 있을까요. 막연히 궤간 순시를 할 수도 있고, 벽에 기대어 멍하게 교실을 보고 있기도 합니다. 아니면 교탁에 앉아 시험지를 채점하면서 슬쩍슬쩍 교실을 쳐다보고 있을지도 모릅니다.

그 모습을 보면 아무것도 하지 않는 것처럼 보이지만, 하고 있습니다.

말하지 않더라도 표정이나 몸짓으로 웅변하고 있는 것입니다. 한 시간 내내 교사의 말 없는 말은 계속됩니다. 그리고 학급을 리드하는 5, 6명은 그것을 읽어 내는 특기가 있습니다.

어떤 표정을 짓고 어떤 몸짓을 하는 게 좋을까요?

그런 것을 알 필요는 없습니다. 생각하지 않더라도 당신의 마음은 저절로 나타나니까요. 그렇다면 어떤 마음을 지녀야 할까요?

염려되는 학생을 움직이려고 하지 말고, 학급 전체를 움직이는 것이 중요하다는 것을 이해하는 마음입니다. 그리고 한 사람도 포기하지 않는 것이 제자들의 장래 행복을 보장한다는 확신입니다.

학생들은 반드시 이해할 것입니다.

그리고 응해 옵니다.

[자기 점검 항목]

▶ 함께 배움을 실천하고 있는 선생님

☐ 함께 배움에 반대하고 싫어하면서도 계속하고 있는 선생님

☐ 학생들을 온전히 믿지 못하는 선생님

☐ 함께 배움을 터득 중인 선생님

☐ 함께 배움의 사고방식을 이해한 선생님

▶ 학생들을 온전히 믿지 못하는 선생님의 발전 4단계

☐ 제1단계

학생 한 사람 한 사람의 공책을 점검한다. 때문에 학급 전
체를 움직이는 말하기를 할 수 없다.

☐ 제2단계

실제로 학생들이 공부하고 있다는 것을 이해한다. 여유가
생겨서 학급 전체를 움직이는 말하기가 가능하다. 단지 일
부의 믿지 못하는 학생은 가르치고 만다.

☐ 제3단계

염려되는 학생을 가르치더라도 효과가 없다는 것을 알아차
린다. 그리고 교사의 지시를 따르는 학생을 움직이려고 한
다. 칭찬이 많아진다.

☐ 제4단계

집단을 움직이는 의미를 이해한다. 수업의 처음과 마지막
외에는 말하기가 사라진다.

마지막까지 이 책을 읽어 주셔서 감사합니다. 제가 할 수 있는 일은 여러분을 함께 배움의 입구까지 안내하는 것입니다.

좀 더 많은 분들에게 교사의 진정한 행복을 알게 해드리고 싶습니다. 그것은 학생이 진정한 행복을 실감하고 있다는 것을 통해 비로소 알 수 있습니다.

이 책은 말하기에 관한 내용이지만, 여러분이 정말로 읽어 봤으면 하는 것은 실천자의 목소리입니다.

"좋다!" "대단해!"라는 느낌이 드시나요.

물론 여러분도 눈물을 흘릴 정도로 감격을 맛보았던 적이 있었을 겁니다. 그런데 그것은 대부분 클럽 활동이나 특별 활동처럼 교과 학습 이외의 시간이 아니었습니까?

함께 배움의 특징은 매일의 교과 학습에서 감동을 느낄 수 있다는 것입니다. 수개월, 일 년을 쌓아 온 결과 졸업식에서 주마등처럼 그 순간들이 떠오를 것입니다.

일상의 수업에서 감격의 눈물을 흘린 적이 있습니까? 함께 배움은 그것이 가능합니다.

'정말일까?' 하고 의심이 드는 것도 당연합니다.

일상의 수업에서 이루어지는 것은 계산하기, 한자 쓰기, 문제 풀이와 같이 감동하고는 거리가 먼 활동입니다. 이런 일상 속에서 눈물을 흘릴 만한 감동을 맛본다고 말하더라도 확 다가오지는 않을 것입니다.

하지만 함께 배움에서는 학생과 학생이 어울리고, 학생들의 천사와 같은 마음이 보이고, 자기 이상의 뛰어난 예지가 발휘되는 것을 볼 수 있습니다.

함께 배움은 처음부터 끝까지 학술 데이터와 실천 데이터에 의해 구축되었습니다. 이 책에서 소개한 말하기는 지금까지 겪어 보지 못한 감격을 교과 학습에서 느낄 수 있는 수업으로 만들어 줄 것입니다. 안심하고 실천해 보세요.

함께 배움에 대해서 좀 더 상세히 알고 싶은 분은『학급과 학교가 행복하게 되는 함께 배움 입문』을 참고하세요.

학생들에게 이렇게 맡겼을 때 노는 학생이 생기는 것은 아닌가라고 염려하는 분도 있을 것입니다. 당연합니다. 초기에는 그런 학생도 나타나지만, 어떤 말을 하면 진지해지는지 그 노하우도 정리되어 있습니다. 중요한 것은 말하기입니다. 이 책에는 그 핵심을 정리해 놓았습니다. 유사한 책으로는『염려되는 학생에의 말하기 입문』이 있습니다.

마술의 비결을 알면 당연해 보이는 것처럼 함께 배움은 구성되어 있습니다.

또 수준을 높이기 위해서는 과제 만드는 기법이 필요합니다. 이것은 『학생이 몰입하는 과제 만들기 입문』에 기술되어 있습니다.

이것보다도 더 앞으로 나아가기 원하는 분들을 위한 책도 준비되어 있습니다. 함께 배움의 좋은 점을 알기 위해서는 『학급이 활기차게 된다! 함께 배움 스타트 북』, 함께 배움을 성공시키기 위해서는 『함께 배움, 가만히 앉아 있으라는 굴레를 벗어던진 수업』, 학교 전체의 실천을 확실히 하기 위해서는 『학급이 활기차게 된다! 함께 배움 점프 업』이 준비되어 있습니다.

특수교육에서 함께 배움을 실천하기 위해서는 『염려되는 학생 지도에 고민하는 당신에게 함께 하는 특수교육』, 언어활동을 활성화하기 위해서는 『과학과라서 가능한 진정한 언어활동』이 있습니다.

또 신슈信州 대학의 미사키 타카시三崎隆 교수의 『함께 배움 입문』, 『이것만은 알아두자 함께 배움 기초·기본』이 출판되어 있습니다.

지금 일본 전국에 함께 배움이 확산되고 있습니다. 부디 실제 이루어지는 함께 배움을 찾아보시기 바랍니다.

그리고 그 학급의 학생들과 대화해 보세요. 물론 함께 배움이 완전하다고는 말씀드리지 않습니다. 무엇보다도 사람이 실천하기 때문입니다. 그런데 한 사람의 교사가 끌어안고 가는 것보다는 학생들과 동료와 더불어 해결하는 쪽이 좋다는 것은 100% 확신합니다.

우리는 슈퍼맨 교사가 될 수 없습니다. 그런 우리가 학생들을 위한 최선의 수업을 한다면, 함께 배움에는 커다란 가능성이 있습니다.

인생은 한 번입니다. 자긍심 높게, 충실한 교사 인생을 보냅시다.

니시카와 준西川 純

교사의 마음이 변하기 위해서
-함께 배움이 선택이론을 만날 때

이 책을 포함해서 그동안 우리나라에는 함께 배움과 관련된 책이 세 권 출간되었습니다. 가장 먼저 출간된 『함께 배움-가만히 앉아 있으라는 굴레를 벗어던진 수업』은 함께 배움에 대한 종합적인 이해를 도와줄 것입니다. 두 번째 책인 『함께 배움 이렇게 시작한다』는 과제 만들기를 중심으로 한 최근의 연구 결과를 반영한 내용입니다. 그리고 이 책입니다. 이 세 권은 상호 보완적인 내용입니다.

이 책은 분량은 많지 않지만, 저자의 말대로 강력합니다. 이 책대로 실시하면 학생 집단이 움직입니다. 주체적이고 협동적인 배움이 가능합니다. 과연 20년 연구 성과의 결과입니다.

한국어판 서문에서 저자는 고매한 철학서를 읽기보다는 미래 사회의 흐름에 대한 공부를 권하고 있습니다. 그 권유대로 해 보시길 저 또한 권해드립니다.

그리고 저처럼 교사 중심 수업을 오래해서, 학생 중심 수업으로의 전환에 시간이 걸리는 선생님들을 위해 선택이론을 간략히 소개하고자 합니다.

가르치지 않는 가르침

함께 배움은 종래의 수업과 많이 다릅니다.

첫째, 조용히 하라고 말하지 않습니다. 오히려 말하기를 권장합니다.
둘째, 가만히 앉아 있으라고 말하지 않습니다. 오히려 돌아다닐 것을 권장합니다.
셋째, 교사는 굳이 가르치지 않습니다. 학생이 서로 가르치고 배웁니다.

"정말 그것이 가능합니까?"
"수업을 학생들에게 맡겨도 될까요?"
"동기 유발도 없습니까?"
"외적 보상으로 유도하지도 않습니까?"
"선생님이 확인이나 점검도 하지 않습니까?"
"모든 과목에 다 활용된다는 것입니까?"

이것은 함께 배움 교사 연수 시간에 주로 나오는 질문들입니다. 대답은 모두 "그렇다"입니다. 이 수업의 개발자인 니시카와 교수의 20년 동안의 학술·임상 연구를 통해 나온 대답입니다.

함께 배움은 사고방식

함께 배움 수업의 전개는 매우 단순합니다.

교사가 과제를 제시하면 학생들은 과제 해결 활동을 합니다. 수업 마지막에는 제대로 했는지 자기 성찰 활동을 합니다. 과제 제시-과제 해결 활동-성찰 활동 이것이 수업 전개의 전부입니다.

수업 전략이나 교사의 교묘한 발문도 필요하지 않습니다. 그냥 학생들을 믿고 맡기는 수업입니다. 때문에 신뢰를 바탕으로 한 수업입니다. 함께 배움은 수업 방법론이 아닌 사고방식입니다.

예를 들어, 어떤 선생님들이 두 개씩 붙어 있었던 책상을 전부 한 개씩 떨어뜨려 놓았습니다. A선생님은 책상을 붙여 놓으니 수업 중에 학생들이 많이 떠들기 때문에 책상 사이를 떨어지게 했습니다. 반면에 B선생님은 학생들이 돌아다니면서 교류하기에 더 편리하도록 책상을 떨어뜨렸습니다. 책상의 배치는 같지만 그 생각이 다르기 때문에 실질적인 운영에 큰 차이가 납니다. 사고방식에 따라 교류를 촉진하기도 하고 억제하기도 합니다.

함께 배움의 세 가지 교육관

함께 배움에서 학교는 다양한 사람과의 만남을 통해, 스스로 과제를 달성하는 경험을 통해 그 유효성을 실감하고, 보다 많은 사람이 동료인 것을 배우는 곳입니다.

또 어린이들은 유능하다고 믿습니다. 어린이들 집단은 적어도 성인처럼 유능하다고 믿습니다. 그리고 교사가 할 일은 목표 설정, 학생 평가, 교육 환경 정비입니다. 때문에 학습은 학생들에게 맡깁니다. 교사는 굳이 가르치지 않습니다.

이러한 학교관, 아동관, 수업관을 믿고 그것을 체화시키기 위해 노력한다면 어떤 수업이라도 함께 배움입니다. 반대로 단순히 수업 시간 30분 이상을 학생들에게 맡긴다고 해서 함께 배움이 되는 것은 아닙니다. 어떤 사고방식으로 그것을 운영하는가에 달린 것입니다.

엄마의 마음으로 칼을 들면 맛있는 요리가 나오고, 강도의 마음으로 칼을 들면 경찰이 달려올 것입니다.

함께 배움에서 학생이 행복한 이유

보통 수업을 하다가, 함께 배움을 시작하면 학생들의 얼굴이 금방 생생하게 피어납니다. 평상시에는 엎드려 자던 학생도 정말 두 눈을 반짝이며 수업에 참여합니다. 학생들의 행복이 가슴에 다가옵니다.

자유롭게 말하고, 자유롭게 돌아다닐 수 있기 때문에 학생들이 좋아한다고 생각했습니다. 함께 배움을 처음 접했을 때 저는 그렇게 생각했습니다. 그런데 곰곰이 생각해 보니, 더 깊은 이유가 있음을 알게 되었습니다.

아들러 심리학에서는 사람이 행복하게 살아가는 조건으로 공동체 감각을 거론하고 있습니다. 공동체 감각은 자신은 누군가에게 도움이 되고 있다는 타자 공헌감, 다른 사람은 나를 도와줄 것이라는 타자 신뢰, 이것들에 기초해서 자신에게는 안식처가 있다는 소속감으로 구성됩니다(小倉広, p. 230).

함께 배움은 '한 사람도 포기하지 않는다'는 정신을 매 시간의 수업에서 구현하는 것을 목표로 합니다. 이 정신이 잘 구현되면 학생들은 '아,

이 친구들은 나를 포기하지 않을 것'이라는 안도감을 갖게 됩니다. 또, 자신이 알고 있는 것을 이해하지 못하는 친구에게 가르쳐 줍니다. 이런 행위를 통해 자신이 누군가에게 도움이 된다는 타자 공헌감을 갖게 됩니다. 반대로, 내가 잘 모르면 다른 누군가가 나를 도와줄 것이라는 타자 신뢰를 갖게 됩니다. 함께 배움에서는 아들러 심리학에서 이야기하는 공동체 감각이 길러지기 때문에 행복한 것 같습니다.

뚜렷하게 보이는 학급의 그늘

이 책에 있는 것처럼 함께 배움을 시작하면 일주일 사이에 무려 14가지나 마음에 걸리는 일이 나타날 수 있다고 합니다. 그것도 아주 뚜렷하게 보인다고 합니다. 책에서는 그것은 원래부터 있던 것이고, 함께 배움으로 인해 없던 것이 새로 생긴 것은 아니라고 합니다.

그리고 역설적이게도 그것이 뚜렷하게 보이기 때문에 해결할 수 있다고 합니다. 종래의 수업에서는 눈에 잘 띄지 않기 때문에 그냥 넘어갔던 것들이고, 그래서 그 문제는 그대로 방치되어 결국에는 곪아 터져 나오게 된다고 합니다. 차라리 지금 이 단계에서 학생들과 함께 그것을 해결하는 것이 더 좋다고 역설합니다.

합리적 이성은 니시카와 교수의 주장에 반박하기 어렵습니다. 하지만 많은 선생님들이 눈앞에 드러난 학급의 맨얼굴을 직면하기 힘들어하는 것도 감출 수 없는 사실입니다.

함께 배움 시간에는 선생님이 제시한 과제를 서로 가르치고 배워서 달성해야 하는데, 놀고 있는 학생이 발생합니다. 그 사실을 어떻게 처리해야 할지 당황스럽습니다. 책에 있는 것처럼 학급을 리드하는 학생에게 촉구하면, 그 학생들이 놀지 않고 공부에 집중하는 때도 확실히 있습니다. 하지만 그렇게 되지 않을 때도 종종 있습니다.

긴 안목으로 보고 꾸준히 실시하자

함께 배움에서는 수업이 잘 되지 않을 때 그 주된 원인이 주로 교사에게 있다고 봅니다. 왜냐하면 학급에서 가장 큰 영향력을 갖고 있는 사람은 교사이기 때문입니다.

그런데 이런 시각은 니시카와 교수뿐만 아니라 따돌림이나 학급 붕괴 등을 연구하는 전문가들의 대체로 일치된 견해입니다. 때문에 교사가 변해야 한다고 합니다. 아울러 심리학에서도 바꿀 수 있는 것은 과거와 타인이 아닌, 자기 자신과 미래(현재)뿐이라고 잘라 말합니다.

함께 배움은 철저한 실증 연구를 거쳐서 성립된 이론입니다. 검증되지 않은 것은 기록하지 않는 것으로 알고 있습니다. 제가 파악한 니시카와 교수는 과학자입니다. 실험과 검증을 통한 데이터가 없으면 이야기하지 않습니다.

처음 함께 배움을 시도하는 분은 이 책에 나와 있는 그대로 해 보세요. 가급적이면 글자대로 이야기하는 게 좋습니다. 조급한 마음을 버리고 길게 보고 꾸준히 하셔야 합니다. 적어도 3개월은 꾸준히 실천해 보세요. 왜냐하면 함께 배움은 방법론이 아닌 사고방식이기 때문에 바뀌는 데 시간이 필요합니다.

집단을 움직인다

함께 배움에서 교사의 역할은 무엇일까요? 과제의 제시, 가시화, 평가,

환경의 정비, 큰 뜻을 이야기하기 등을 우선 생각해 볼 수 있습니다. 하지만 그것보다 더 중요한 것은 집단을 움직이는 것이라고 말씀드리고 싶습니다.

이 책에서는 함께 배움을 할 때 일어날 수 있는 문제 24가지를 들고 있습니다. 이 24가지 상황에 대해 각각의 것을 외워서 대응하는 것은 처음에는 쉽지 않겠지만, 그 원리를 안다면 굳이 외우지 않아도 활용할 수 있을 것입니다. 그 원리를 한 문장으로 나타내면 '집단을 움직인다는 것'입니다.

함께 배움에서는 학급을 하나의 전체로 보지 않습니다. 대체로 2:6:2로 구분해 대응합니다.

학급에는 교사가 무슨 말을 하더라도 그대로 실행하는 2할의 학생이 있습니다. 그 반대로 무슨 말을 하더라도 곱게 듣지 않는 2할의 학생도 있습니다. 나머지 6할은 중간인 학생들입니다.

함께 배움에서는 전자 2할의 학생들에게 촉구합니다. 그러면 이 학생들이 후자 2할의 학생들에게 촉구하여 공부에 참여하게 하는 구조입니다.

이때 중요한 것은 수업 마지막에, 촉구한 학생뿐만 아니라 그 촉구에 응한 학생도 동시에 칭찬한다는 점입니다. 중간인 6할의 학생은 자신에게 이익이 되는 쪽으로 붙는데, 함께 배움에서는 전원 달성이 자신에게도 이익이 되기 때문에 공부하는 쪽에 붙습니다. 이렇게 하면 집단이 움직입니다.

3개월이 지나도 노는 학생을 보면 마음 아프다

책에 있는 대로 3개월을 꾸준히 함께 배움을 실시해도 함께 배움 수업 중에 노는 학생을 보면 마음이 아픕니다. 교사 생활을 오래 하신 분은 모두 다 그럴 것이라고 판단됩니다. (어리석은 질문이지만) 왜 3개월이 지나도 내 마음은 바뀌지 않을까요?

세상에서 가장 소중한 사람은 누구일까요? 아마 가족일 것입니다. 그렇다면 직장(학교)에서 가장 소중한 사람은 누구일까요? 아마도 마음이 통하는 동료 선생님일 것입니다. 혹시 학생이라고 대답하는 선생님이 계십니까? 아마 거의 안 계실 것입니다.

저는 함께 배움을 하면서 학교에서 가장 소중한 사람이 바로 학생이라는 것을 깨달았습니다. 왜냐하면 단순히 물리적인 시간을 가장 길게 함께하기 때문만은 아닙니다. 함께 배움을 하면 심리적인 시간도 학생들과 같이하게 됩니다. 그리고 함께한 심리적인 시간 속에서 같이 웃고, 안타까워합니다. 교사의 행복은 선생님 앞에 있는 학생들로부터 나온다고 확실히 말씀드립니다.

그런데 가장 소중한 사람인 학생이 수업 시간에 과제에 집중하지 않고 놀게 되면 마음이 더 아픕니다. 소중하기 때문에 더 큰 기대를 하게 됩니다. 그리고 그 기대가 빗나갔을 때, 함께 배움을 실천하는 교사는 가슴이 아픕니다.

그래서 때로는 책대로 하지 않고 야단도 치고, 화를 내기도 합니다. 그렇습니다. 우리는 소중한 사람일수록 그대로 두지 않고 자신의 이상에 가깝게 하려고 애쏩니다.

선택이론과의 만남

2016학년도는 3월 2일부터 함께 배움을 실천했습니다. 정말 놀라움의 연속이었고 행복한 한 학기가 훌쩍 지났습니다. 행복과 보람으로 충만한 시기였습니다.

그런데 2학기가 시작되자, 몇몇 학생들이 과제에 집중하지 않는 모습을 보이기 시작했습니다. 과제를 하기는 하는데 처음부터 하지 않고 실컷 놀다가 끝에 가서 대충 하는 친구가 먼저 눈에 띄었습니다. 반대로 처음에는 하는 것 같았는데, 그만 끝에 가서 놀아 버리는 친구도 있었습니다. 심지어는 처음부터 끝까지 고개를 흔들며 안 하겠다고 거부하는 학생도 나타났습니다.

그럴 때마다 착한 학생들이 대거 달려들어 설득시키기 위해 노력했습니다. 때때로 성공하기도 했지만, 때때로 무산되기도 했습니다. 이런 광경을 보는 교사의 마음은 전처럼 행복하지 않았습니다. 왜냐하면 함께 배움은 학급 25명 중에 한두 명이라도 참여하지 않으면 그 무게감이 큽니다. 한 사람도 포기하지 말아야 하기 때문입니다.

이후로 이 문제는 저의 화두가 되었습니다. 긴 겨울방학을 거치면서, 눈이 아프도록 읽고, 생각하고, 또 읽고, 검토했습니다.

도달한 곳이 바로 선택이론입니다. 이 이론으로 인해 저는 좀 더 부드러워지고 너그러워졌습니다. 학생들에게 화를 내지 않고, 오히려 용기를 줄 수 있는 마음의 힘을 얻었습니다. 세상을 바라보는 시각이 많이 변화고 있음을 느끼고 있습니다.

어느 정신병원의 기적

선택이론Choice Theory은 미국의 정신과 의사인 윌리엄 글라써William Glasser 박사가 개발한 심리학 이론입니다. 이 이론이 유명해진 것은 미국의 한 정신병원에서 일어난 기적 때문입니다. 이 병원은 정원이 210명인데 한 해 동안 퇴원하는 환자는 겨우 2명 정도라고 합니다. 한 번 들어오면 평생 병원에서 살아야 할 정도로 치료가 안 되는 병입니다. 그런데 선택이론을 적용한 결과, 그해에는 무려 200명이 퇴원했다고 합니다. 특별한 약을 쓴 것도 아니고 보는 시각을 달리하는 방법을 가르쳐 주었을 뿐인데 말입니다. 그래서 일약 세계적인 주목을 받게 되어 현재 62개국에서 연구, 실천되고 있습니다.

글라써 박사는 이후 치료보다는 예방이 더 중요하다고 생각하여 교육적인 면에서도 연구를 거듭하여, 미국에는 이 이론에 기초한 학교가 설립되었습니다.

글라써 박사가 40년 동안 정신병 환자를 치료하면서 발견한 인생의 비밀은, 이들은 '사이좋게 지내고 싶은데도 불구하고 그렇게 할 수 없다'는 공통된 특징을 지니고 있었다고 합니다. 그래서 사이좋게 지낼 수 있는 방법이 무엇일까를 연구하게 되었다고 합니다. 결국 인생 고민의 90% 이상이 인간관계에서 오는 것이라는 것과 그 인간관계를 개선하는 이론으로 선택이론을 개발하게 되었다고 합니다.

다섯 개의 기본적 욕구

그렇다면 왜 인간관계가 중요할까요? 그것은 인간은 만족시켜야만 할 다섯 가지 기본적 욕구를 가지고 태어나는데 자기 혼자서는 만족시킬 수 없다는 것입니다.

다섯 개의 기본적 욕구는 사랑과 소속의 욕구, 힘(인정)의 욕구, 자유의 욕구, 재미의 욕구, 생존의 욕구입니다. 모든 사람은 이 다섯 개의 욕구를 충족시키기 위해서 자기 내부로부터의 동기에 의해 행동한다고 합니다. 욕구가 충족되면 쾌를 느끼고 그 반대면 불쾌를 느낀다고 합니다. 때문에 쾌를 느끼는 행동은 하려고 하고, 불쾌를 느끼는 행동은 피하려고 합니다.

욕구는 어느 것이나 중요하지만 가장 중요한 욕구는 사랑과 소속의 욕구입니다. 사랑을 받는다는 것은 곧 상대로부터 인정받는 것입니다. 그래서 그 집단의 일원이라는 소속감을 갖게 됩니다. 즉, 안전지대가 형성됩니다. 그러면 외부를 탐색하게 되어 자유로움을 얻게 됩니다. 또 사랑하는 관계 속에서 재미도 느끼고, 보호받는다는 생존의 욕구도 충족됩니다. 그런데 이 사랑과 소속의 욕구는 나 혼자서는 얻을 수 없는 것입니다. 바로 다른 사람과의 관계 속에서만 얻을 수 있는 것입니다. 때문에 사랑과 소속의 욕구가 중요하다고 합니다.

만일 위의 기본적 욕구를 충족하지 못하면 기분이 나빠지고, 기분이 나빠지면 참을 수 없게 됩니다. 결국 다른 사람의 욕구 충족을 방해(예를 들어 따돌림, 학대 등)해서라도 자신의 욕구를 부정적으로 충족시킵니다.

어떤 욕구를 채우기 위해서 저런 행동을 할까?

선택이론에서는 타인과 과거는 바꿀 수 없지만, 자신과 현재·미래는 바꿀 수 있다고 합니다. 이 점은 아들러 심리학과 완전히 같습니다. 선택이론에서는 자기 자신의 사고방식과 행동은 자신의 선택에 의한 것이라고 합니다.

저는 선택이론을 알고부터 함께 배움 시간에 다음과 같이 생각해 보고 있습니다. 먼저 '상대방은 바꿀 수 없다. 바꿀 수 있는 것은 오직 나 자신뿐이다'라고 생각하면서 학생들을 바라봅니다. 이런 생각을 하면 이상하게도 노는 학생이 그리 미워 보이지 않습니다. 왜냐하면 내가 화가 나서 훈계를 하더라도 진심으로 그 학생이 자신의 행동을 바꾸지는 않기 때문이지요. 나의 말은 안 듣더라도 친구의 말은 때때로 듣기 때문에 학생 집단에 맡겨 보자고 대담하게 마음먹습니다.

또 '이 학생은 무슨 욕구를 채우기 위해 저런 행동을 할까?'라고 생각해 봅니다. '혹시, 집에서 혼나고 온 것은 아닌지, 아니면 게임을 해서 재미를 충족시키고 싶은데 그러지 못해 저러고 있나?'라고 생각해 보기도 합니다. 대체로 여학생들은 사랑과 소속의 욕구가 강하고 남학생들은 힘(인정)의 욕구, 재미의 욕구가 강한 것 같습니다.

꾸준히 이런 생각으로 학생들을 바라보면 상황을 좀 더 객관적으로 볼 수 있습니다. 또 같은 상황이라도 화를 낼 것인지, 다른 학생들을 믿고 기다려 볼 것인지를 내가 선택할 수 있었습니다. 외부의 상황에 시달리지 않는 마음의 평정을 선택이론에서 찾을 수 있었습니다.

교사와 학생은 소중한 관계이다

선생님은 타인이 하고 싶어 하지 않는 것이라도 내가 시키면 그 사람은 내 말을 들어야 한다고 생각하십니까? 아마도 아닐 것입니다. 그런데 타인을 학생으로 바꾸어 생각하면 어떻습니까?

'학생들은 하고 싶어 하지 않더라도 선생님인 내가 시키면 그대로 해야 한다'고 생각하지는 않으십니까? 그리고 '그렇게 하는 것이 바른 길이고, 나의 도덕적 책임이다'라고 생각하지 않으십니까?

선택이론에서는 위와 같은 사고방식을 외적 통제의 심리학이라고 합니다. 위와 같은 마음은 '나는 타인을 내 뜻대로 통제할 수 있다'고 믿기 때문이라고 합니다. 모든 인간관계의 어려움이 이러한 외적 통제 심리학으로부터 나온다고 합니다.

거꾸로 생각하면 그만큼 교사에게는 학생들이 소중한 존재인 것입니다. 마치 부모와 같은 마음이기에 '저렇게 하면 안 되는데'라고 생각하며 그 행동을 바로잡아 주고 싶고, 실제로 그렇게 행동합니다.

선택이론에서는 바꿀 수 있는 것은 자기 자신뿐이라고 합니다. 저는 함께 배움도 마찬가지라고 생각합니다. 학생 본인이 공부할 마음이 없으면 부모나 교사가 아무리 권하더라도 움직이지 않습니다. 그런데 친구 집단이 권하면 언제나 그렇지는 않지만 상당히 움직입니다.

그래서 학생은 학생 집단에 맡겨 보고자 합니다. 방임이 아닙니다. 그편이 더 효과적이기 때문입니다. 학력도 인간관계가 어느 정도 수립되어야 향상됩니다.

한편으로 저 자신이 변하기 위해서 고민한 끝에, 저는 선택이론에서 희망의 빛을 보았습니다. 아들러 심리학에도 호감이 갑니다. 이 글이 옮긴이 후기이기 때문에 선택이론에 대한 구체적인 소개는 함께배움연구회 카페에 틈틈이 탑재하겠습니다.

함께 배움을 더불어 연구, 실천하고 계시는 함께배움연구회의 동료 선생님들께 감사의 말씀을 드립니다. 끝으로 초고 정리에 도움을 주신 옥경화 선생님께 고마운 마음을 전합니다.

봄비 내린 날

옮긴이 후기 참고 문헌

- 柿谷正期, 井上千代(2011). 選擇理論を學校に-クオリティ・スク__ルの實現に向けて. 東京: ほんの森出版.
- 小倉広(2016). ブレない自分をつくる「古典」讀書術. 東京: 日刊工業新聞社.
- 渡辺奈都子(2012). 人間關係をしなやかにする たったひとつのル__ル はじめての選擇理論. 東京: ディスカヴァ__・トゥエンティワン.
- William Glasser(1999). Choice Theory: A New Psychology of Personal Freedom. New York: Harper Perennial.

삶의 행복을 꿈꾸는 교육은 어디에서 오는가?

미래 100년을 향한 새로운 교육

혁신교육을
실천하는
교사들의 필독서

▶ **교육혁명을 앞당기는 배움책 이야기**
혁신교육의 철학과 잉걸진 미래를 만나다!

▶ 비고츠키 선집 시리즈
발달과 협력의 교육학 어떻게 읽을 것인가?

생각과 말
레프 세묘노비치 비고츠키 지음
배희철·김용호·D. 켈로그 옮김 | 690쪽 | 값 33,000원

도구와 기호
비고츠키·루리아 지음 | 비고츠키 연구회 옮김
336쪽 | 값 16,000원

어린이 자기행동숙달의 역사와 발달 I
L.S. 비고츠키 지음 | 비고츠키 연구회 옮김
564쪽 | 값 28,000원

어린이 자기행동숙달의 역사와 발달 II
L.S. 비고츠키 지음 | 비고츠키 연구회 옮김
552쪽 | 값 28,000원

어린이의 상상과 창조
L.S. 비고츠키 지음 | 비고츠키 연구회 옮김
280쪽 | 값 15,000원

연령과 위기
L.S. 비고츠키 지음 | 비고츠키 연구회 옮김
336쪽 | 값 17,000원

성장과 분화
L.S. 비고츠키 지음 | 비고츠키 연구회 옮김
308쪽 | 값 15,000원

의식과 숙달
L.S 비고츠키 | 비고츠키 연구회 옮김
348쪽 | 값 17,000원

관계의 교육학, 비고츠키
진보교육연구소 비고츠키교육학실천연구모임 지음
300쪽 | 값 15,000원

비고츠키 생각과 말 쉽게 읽기
진보교육연구소 비고츠키교육학실천연구모임 지음
316쪽 | 값 15,000원

비고츠키와 인지 발달의 비밀
A.R. 루리아 지음 | 배희철 옮김 | 280쪽 | 값 15,000원

수업과 수업 사이
비고츠키 연구회 지음 | 196쪽 | 값 12,000원

▶ 평화샘 프로젝트 매뉴얼 시리즈
학교 폭력에 대한 근본적인 예방과 대책을 찾는다

학교 폭력 어떻게 만들어지는가
문재현 외 지음 | 300쪽 | 값 14,000원

학교 폭력, 멈춰!
문재현 외 지음 | 348쪽 | 값 15,000원

왕따, 이렇게 해결할 수 있다
문재현 외 지음 | 236쪽 | 값 12,000원

젊은 부모를 위한 백만 년의 육아 슬기
문재현 지음 | 248쪽 | 값 13,000원

아이들을 살리는 동네
문재현·신동명·김수동 지음 | 204쪽 | 값 10,000원

평화! 행복한 학교의 시작
문재현 외 지음 | 252쪽 | 값 12,000원

마을에 배움의 길이 있다
문재현 지음 | 208쪽 | 값 10,000원

▶ 교과서 밖에서 만나는 역사 교실
상식이 통하는 살아 있는 역사를 만나다

 전봉준과 동학농민혁명
조광환 지음 | 336쪽 | 값 15,000원

 교과서 밖에서 배우는 역사 공부
정은교 지음 | 292쪽 | 값 14,000원

 남도의 기억을 걷다
노성태 지음 | 344쪽 | 값 14,000원

 팔만대장경도 모르면 빨래판이다
전병철 지음 | 360쪽 | 값 16,000원

 응답하라 한국사 1·2
김은석 지음 | 356쪽·368쪽 | 각권 값 15,000원

 빨래판도 잘 보면 팔만대장경이다
전병철 지음 | 360쪽 | 값 16,000원

 즐거운 국사수업 32강
김남선 지음 | 280쪽 | 값 11,000원

 영화는 역사다
강성률 지음 | 288쪽 | 값 13,000원

 즐거운 세계사 수업
김은석 지음 | 328쪽 | 값 13,000원

 친일 영화의 해부학
강성률 지음 | 264쪽 | 값 15,000원

 강화도의 기억을 걷다
최보길 지음 | 276쪽 | 값 14,000원

 한국 고대사의 비밀
김은석 지음 | 304쪽 | 값 13,000원

 광주의 기억을 걷다
노성태 지음 | 348쪽 | 값 15,000원

 조선족 근현대 교육사
정미량 지음 | 320쪽 | 값 15,000원

 **선생님도 궁금해하는
한국사의 비밀 20가지**
김은석 지음 | 312쪽 | 값 15,000원

 다시 읽는 조선근대교육의 사상과 운동
윤건차 지음 | 이명실·심성보 옮김 | 516쪽 | 값 25,000원

 걸림돌
키르스텐 세룹-빌펠트 지음 | 문봉애 옮김
248쪽 | 값 13,000원

 음악과 함께 떠나는 세계의 혁명 이야기
조광환 지음 | 292쪽 | 값 15,000원

 역사수업을 부탁해
열 사람의 한 걸음 지음 | 388쪽 | 값 18,000원

 논쟁으로 보는 일본 근대교육의 역사
이명실 지음 | 324쪽 | 값 17,000원

▶ 창의적인 협력수업을 지향하는 삶이 있는 국어 교실
우리말 글을 배우며 세상을 배운다

 중학교 국어 수업 어떻게 할 것인가?
김미경 지음 | 340쪽 | 값 15,000원

 이야기 꽃 1
박용성 엮어 지음 | 276쪽 | 값 9,800원

 토론의 숲에서 나를 만나다
명혜정 엮음 | 312쪽 | 값 15,000원

이야기 꽃 2
박용성 엮어 지음 | 294쪽 | 값 13,000원

 토닥토닥 토론해요
명혜정·이명선·조선미 엮음 | 288쪽 | 값 15,000원

인문학의 숲을 거니는 토론 수업
순천국어교사모임 엮음 | 308쪽 | 값 15,000원

 어린이와 시
오인태 지음 | 192쪽 | 값 12,000원

▶ 4·16, 질문이 있는 교실 마주이야기
통합수업으로 혁신교육과정을 재구성하다!

통하는 공부
김태호·김형우·이경석·심우근·허진만 지음
324쪽 | 값 15,000원

내일 수업 어떻게 하지?
아이함께 지음 | 300쪽 | 값 15,000원
2015 세종도서 교양부문

인간 회복의 교육
성래운 지음 | 260쪽 | 값 13,000원

교과서 너머 교육과정 마주하기
이윤미 외 지음 | 368쪽 | 값 17,000원

수업 고수들 수업·교육과정·평가를 말하다
박현숙 외 지음 | 368쪽 | 값 17,000원

도덕 수업, 책으로 묻고 윤리로 답하다
울산도덕교사모임 지음 | 320쪽 | 값 15,000원

체육 교사, 수업을 말하다
전용진 지음 | 304쪽 | 값 15,000원

교실을 위한 프레이리
아이러 쇼어 엮음 | 사람대사람 옮김 | 412쪽 | 값 18,000원

마을교육공동체란 무엇인가?
서용선 외 지음 | 360쪽 | 값 17,000원

21세기 교육과 민주주의
한국교육연구네트워크 번역 총서 05
넬 나딩스 지음 | 심성보 옮김 | 392쪽 | 값 18,000원
2016 세종도서 학술부문

교사, 학교를 바꾸다
정진화 지음 | 372쪽 | 값 17,000원

함께 배움
학생 주도 배움 중심 수업 이렇게 한다
니시카와 준 지음 | 백경석 옮김 | 280쪽 | 값 15,000원

공교육은 왜?
홍섭근 지음 | 352쪽 | 값 16,000원

자기혁신과 공동의 성장을 위한
교사들의 필리버스터
윤양수·원종희·장군·조경삼 지음 | 280쪽 | 값 14,000원

함께 배움 이렇게 시작한다
니시카와 준 지음 | 백경석 옮김 | 196쪽 | 값 12,000원

함께 배움 교사의 말하기
니시카와 준 지음 | 백경석 옮김 | 188쪽 | 값 12,000원

주제통합수업, 아이들을 수업의 주인공으로!
이윤미 외 지음 | 392쪽 | 값 17,000원

수업과 교육의 지평을 확장하는 수업 비평
윤양수 지음 | 316쪽 | 값 15,000원
2014 문화체육관광부 우수교양도서

교사, 선생이 되다
김태은 외 지음 | 260쪽 | 값 13,000원

교사의 전문성, 어떻게 만들어지나
국제교원노조연맹 보고서 | 김석규 옮김 392쪽 | 값 17,000원

수업의 정치
윤양수·원종희·장군 지음 | 280쪽 | 값 14,000원

학교협동조합,
현장체험학습과 마을교육공동체를 잇다
주수원 외 지음 | 296쪽 | 값 15,000원

거꾸로교실,
잠자는 아이들을 깨우는 수업의 비밀
이민경 지음 | 280쪽 | 값 14,000원

교사는 무엇으로 사는가
정은균 지음 | 292쪽 | 값 15,000원

마음의 힘을 기르는 감성수업
조선미 외 지음 | 300쪽 | 값 15,000원

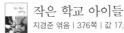
작은 학교 아이들
지경준 엮음 | 376쪽 | 값 17,000원

감성 지휘자, 우리 선생님
박종국 지음 | 308쪽 | 값 15,000원

대한민국 입시혁명
참교육연구소 입시연구팀 지음 | 220쪽 | 값 12,000원

교사를 세우는 교육과정
박승열 지음 | 312쪽 | 값 15,000원

전국 17명 교육감들과 나눈
교육 대담
최창의 대담·기록 | 272쪽 | 값 15,000원

들뢰즈와 가타리를 통해
유아교육 읽기
리세롯 마리엣 올슨 지음 | 이연선 외 옮김 | 328쪽 | 값 17,000원

▶ 더불어 사는 정의로운 세상을 여는 인문사회과학
사람의 존엄과 평등의 가치를 배운다

밥상혁명
강양구·강이현 지음 | 298쪽 | 값 13,800원

좌우지간 인권이다
안경환 지음 | 288쪽 | 값 13,000원

도덕 교과서 무엇이 문제인가?
김대용 지음 | 272쪽 | 값 14,000원

민주 시민교육
심성보 지음 | 544쪽 | 값 25,000원

자율주의와 진보교육
조엘 스프링 지음 | 심성보 옮김 | 320쪽 | 값 15,000원

민주 시민을 위한 도덕교육
심성보 지음 | 500쪽 | 값 25,000원
2015 세종도서 학술부문

민주화 이후의 공동체 교육
심성보 지음 | 392쪽 | 값 15,000원
2009 문화체육관광부 우수학술도서

교과서 밖에서 배우는 인문학 공부
정은교 지음 | 280쪽 | 값 13,000원

갈등을 넘어 협력 사회로
이창언·오수길·유문종·신윤관 지음 | 280쪽 | 값 15,000원

오래된 미래교육
정재걸 지음 | 392쪽 | 값 18,000원

동양사상과 마음교육
정재걸 외 지음 | 356쪽 | 값 16,000원
2015 세종도서 학술부문

대한민국 의료혁명
전국보건의료산업노동조합 엮음 | 548쪽 | 값 25,000원

교과서 밖에서 배우는 철학 공부
정은교 지음 | 280쪽 | 값 14,000원

교과서 밖에서 배우는 고전 공부
정은교 지음 | 288쪽 | 값 14,000원

교과서 밖에서 배우는 사회 공부
정은교 지음 | 304쪽 | 값 15,000원

전체 안의 전체 사고 속의 사고
김우창의 인문학을 읽다
현광일 지음 | 320쪽 | 값 15,000원

교과서 밖에서 배우는 윤리 공부
정은교 지음 | 292쪽 | 값 15,000원

카스트로, 종교를 말하다
피델 카스트로·프레이 베토 대담 | 조세종 옮김
420쪽 | 값 21,000원

▶ 살림터 참교육 문예 시리즈
영혼이 있는 삶을 가르치는 온 선생님을 만나다!

꽃보다 귀한 우리 아이는
조재도 지음 | 244쪽 | 값 12,000원

선생님이 먼저 때렸는데요
강병철 지음 | 248쪽 | 값 12,000원

성깔 있는 나무들
최은숙 지음 | 244쪽 | 값 12,000원

서울 여자, 시골 선생님 되다
조경선 지음 | 252쪽 | 값 12,000원

아이들에게 세상을 배웠네
명혜정 지음 | 240쪽 | 값 12,000원

행복한 창의 교육
최창의 지음 | 328쪽 | 값 15,000원

밥상에서 세상으로
김흥숙 지음 | 280쪽 | 값 13,000원

북유럽 교육 기행
정애경 외 14인 지음 | 288쪽 | 값 14,000원

▶ 남북이 하나 되는 두물머리 평화교육
분단 극복을 위한 치열한 배움과 실천을 만나다

10년 후 통일
정동영·지승호 지음 | 328쪽 | 값 15,000원

선생님, 통일이 뭐예요?
정경호 지음 | 252쪽 | 값 13,000원

분단시대의 통일교육
성래운 지음 | 428쪽 | 값 18,000원

김창환 교수의 DMZ 지리 이야기
김창환 지음 | 264쪽 | 값 15,000원

▶ 출간 예정

근간 **학교 민주주의의 불한당들**
정은균 지음

근간 **학교를 개선하는 교장:**
지속가능한 학교 혁신을 위한 실천 전략
마이클 폴란 지음 | 서동연·정효준 옮김

근간 **학교생활기록부를 디자인하라**
박용성 지음

근간 **통합적 수업 일체화:**
성취기준에서 학생의 성공까지
리사 카터 지음 | 박승열 옮김

근간 **교육과정 통합, 어떻게 할 것인가?**
성열관 외 지음

근간 **혁신학교, 미래교육의 답을 찾다**
송순재 외 지음

근간 **초등학교 전 학년 슬로 리딩 수업 이야기**
박경숙 외 지음

근간 **독립의 기억을 걷다**
노성태 지음

근간 **한글혁명**
김슬옹 지음

근간 **민주시민교육을 위한**
역사수업 어떻게 할 것인가?
황현정 지음

근간 **세계교육개혁:**
민영화 우선인가 공적 투자 강화인가?
프랭크 애덤슨 외 지음 | 심성보 외 옮김

근간 **공자던, 논어를 말하다**
유문상 지음

근간 **민주시민을 위한**
수업·교육과정·평가를 어떻게 할 것인가?
명혜정 지음

근간 **핀란드 교육의 기적은 어떻게 만들어지나**
Hannele Niemi 외 지음 | 장수명 외 옮김

근간 **삶을 위한**
국어교육과정, 어떻게 만들 것인가?
명혜정 지음

참된 삶과 교육에 관한
생각 줍기